하용조 강해서 전집 16

요한복음 4

예수님은 기쁨입니다

(13-16장)

하용조 강해서 전집 16

요한복음 4
예수님은 기쁨입니다(13-16장)

지은이 | 하용조
초판 발행 | 2005. 10. 19
개정 1판 발행 | 2010. 3. 5
개정 2판 발행 | 2021. 7. 21
등록번호 | 제1988-000080호
등록된 곳 | 서울특별시 용산구 서빙고로 65길 38
발행처 | 사단법인 두란노서원
영업부 | 2078-3352   FAX | 080-749-3705
출판부 | 2078-3331

책값은 뒤표지에 있습니다.
ISBN 978-89-531-3493-5 04230

독자의 의견을 기다립니다.
tpress@duranno.com   www.duranno.com
*본문에 사용된 성경은 우리말성경임을 밝힙니다.

두란노서원은 바울 사도가 3차 전도여행 때 에베소에서 성령 받은 제자들을 따로 세워 하나님의 말씀으로 양육하던 장소입니다. 사도행전 19장 8-20절의 정신에 따라 첫째 목회자를 돕는 사역과 평신도를 훈련시키는 사역, 둘째 세계선교(TIM)와 문서선교(단행본·잡지) 사역, 셋째 예수문화 및 경배와 찬양 사역, 그리고 가정·상담 사역 등을 감당하고 있습니다. 1980년 12월 22일에 창립된 두란노서원은 주님 오실 때까지 이 사역들을 계속할 것입니다.

하용조 강해서 전집 16

요한복음 4

예수님은 기쁨입니다

(13-16장)

두란노

세상에서 가장 찬란한 기쁨, 오직 주님만이 주실 수 있습니다

예수님을 만난 사람들이 누리는 특권은 기쁨입니다. 단 한 번도 경험하지 못한 특별한 기쁨을 맛보게 됩니다. 세상이 주는 사회적 성취와 부와 명예와 권력의 기쁨과는 다릅니다. 그것들은 모두 지나가는 것에 불과합니다. 주님이 주시는 기쁨은 우리 삶 전체를 뒤흔드는 영원한 기쁨입니다.

영원한 기쁨을 맛본 사람은 이전처럼 살 수 없습니다. 이전과 전혀 다른 삶을 살게 됩니다. 갈릴리 호숫가에서 물고기를 잡던 베드로는 자신이 소유한 모든 것을 버리고 사람을 낚는 어부가 되었습니다. 값비싼 향유 옥합을 예수님의 발등에 아낌없이 부은 마리아는 복음이 전파되는 곳마다 함께 전해지는 영광을 누리게 되었습니다. 다메섹 동산에서 눈먼 자 되었던 바울은 더 이상 예수를 핍박하는 자가 아니라 세상에 복음을 뿌리는 눈뜬 자로 거듭났습니다.

요한복음은 신앙의 경륜과 상관없이 예수 그리스도를 사모하는 모든 이들에게 기쁨을 선사하는 약속과 성취의 말씀입니다.

요한복음을 성막에 비유한다면, 1장부터 12장은 성소에 해당하고, 13장부터 16장은 지성소에 해당합니다. 그동안 예수님은 대중을 상대로 설교하셨고, 종교 지도자들인 바리새인, 사두개인과 논쟁하셨으며 권력자들과도 논쟁하셨습니다. 그러나 이제 대중을 상대하거나 공중 모임을 갖거나 하지 않으십니다. 유월절 전에 예수님은 열두 제자를 마가의 다락방으로 초청하여 성만찬을 베푸십니다. 이것이 바로 그 유명한 '최후의 만찬'입니다. 식사 중에 예수님은 사랑하는 제자들에게 심오하고 비밀스러운 이야기를 들려주십니다.

요한복음 13-17장에는 주님이 사랑의 고백처럼 들려주시는 천국의 비밀이 기록되어 있습니다. 세상살이로 힘겨운 사람, 답답한 사람, 불안한 사람은 요한복음을 읽으십시오. 주님이 주시는 영원한 기쁨을 발견하십시오. 눈앞에 보이는 현실이 벼랑 끝이라도 예수님은 우리가 기뻐해야 할 이유가 되십니다. 무거운 짐을 내려놓고, 지금 이 순간, 요한복음을 통해 주님이 선물해 주시는 기쁨을 만나길 바랍니다.

차례

1부

가장 낮은 곳에서 섬기는 기쁨

요한복음 13:1- 38

발을 씻는 것은 회개를 가리키고, 목욕하는 것은 구원을 가리킵니다.
구원받은 자는 다시 구원을 논할 필요가 없습니다.
목욕을 이미 했더라도 손발은 언제든지 더러워질 수 있습니다.
예수님을 믿고 구원받았지만, 순간마다 더러워진 것은
주님의 이름으로 회개해야 합니다.
이것이 곧 '발 씻기'입니다.

1

이 밤, 우리에게
만찬을 베푸십니까?

요한복음 13:1-2

떠나야 할 때를 아시다

유월절을 앞두고 예수님이 열두 제자를 마가의 다락방으로 초청하셨습니다. 그곳에는 예수님을 집요하게 괴롭히던 사람들이나 예수님을 체포하려고 벼르던 종교 지도자들과 관리들이 없습니다. 예수님이 열두 제자에게 비밀스럽게 말씀하시기 시작합니다.

13장 1절을 보십시오.

> 유월절 전에 예수께서는 이 세상을 떠나 아버지께로 가실 때가 됐다는 것을 알고 계셨습니다. 예수께서는 세상에 있는 자기의 사람들을 사랑하시되 끝까지 사랑하셨습니다(요 13:1).

이 말씀에서 세 가지 사실을 알 수 있습니다. 첫째, 예수님은 유월절 전에 자신이 세상을 떠나게 될 것을 알고 계셨다는 사실입니다. 이때는 십자가에 처형당하시기 일주일 전이었습니다.

현명한 사람은 자신이 떠나야 할 때를 안다고 했습니다. 그에 비해 미련한 사람은 자기 한계를 모르고 감정과 본능대로 살다가 무지한 채로 죽음을 맞이합니다. 예수님은 언제, 어디서, 어떻게, 왜 죽으셔야 하는지를 명확히 알고 계셨습니다.

현대판 화타(華陀)로 불리는 장병두 옹이 10여 년 전 성탄절에 세례를 받는 큰 경사가 있었습니다. 이분은 평생 교회에 다녀 본 적이 없었지만, 예수님에 관한 이야기와 교회를 소개받고는 4개월 만에 하나님을 믿기로 결정하고 세례 받기를 청한 것입니다. 그때 그의 나이 99세였습니다. 처음엔 아무도 그 사실을 믿으려고 하지 않았습니다.

12월 24일에 세례 문답식이 있었습니다. 당시 문답을 맡았던 목사님이 속으로 굉장히 떨렸다고 말합니다. 무엇 때문에 떨렸느냐고 물으니, 장병두 옹이 "안 믿어"라고 대답하면, 인생 경험이 풍부하고 연륜이 깊은 할아버지에게 믿음을 어떻게 설명해야 할지 고민되었다는 것입니다. 놀랍게도 세례 문답은 30분 만에 끝났습니다. 그는 예수님과 하나님의 구원을 정확히 알고 있었습니다.

그는 오랜 세월 동안 수많은 환자를 봐 왔는데 그중에 예수님을 믿는 사람들은 죽을병에 걸려도 죽음을 두려워하지 않는데, 예수님을 믿지 않는 사람들은 충분히 살 병인데도 두려워하더라고 말했습니다. 자신도 때가 되면 죽을 텐데 어떻게 하면 예수님을 믿고 하나님께로 갈 수 있을지 궁금해 하던 차에 목사님이 영원히 사는 문제에 관해 설명해 주니 "내가 원하던 것이 바로 그것입니다. 나는 영원히 살고 싶습니다"라고 고백하면서 예수님을 영접한 것입니다.

세례식이 거행되기 전에 장병두 옹이 나를 찾아왔습니다. "바쁘실 텐데 어떻게 오셨습니까?"라고 묻자 그는 "결혼식보다 중요한 것이 세례식 아닙니까? 세상에 하나님을 만나는 것보다 더 중요한 일이 어디 있습니까? 저는 오늘이 오기만을 기다렸습니다"라고 대답했습니다.

이처럼 지혜로운 사람은 인생의 끝을 알고, 하나님을 믿기로 결단하고 그분 앞으로 나아갈 줄 압니다.

예수님은 자신이 세상에 온 목적을 깊이 깨닫고 계셨습니다. 유월절 전에 어린양이 되어 온 인류를 대신하여 세상 죄를 지고 십자가에 못 박혀 죽어야 한다는 사실을 분명히 알고 계셨던 것입니다. 우리도 예수님처럼 자기 죽음의 의미를 알면 얼마나 좋겠습니까?

어디로 갈지를 아시고 무엇을 이룰지를 아시다

둘째, 예수님은 죽음 이후에 벌어질 일들에 관해 알고 계셨습니다. 우리는 죽음으로써 모든 것이 끝난다고 생각합니다. 그러나 예수님은 죽음이란 끝이 아니라 생명의 시작이요 아버지께로 돌아가는 것이라고 말씀하십니다. 한마디로 귀향입니다.

유월절 전에 예수께서는 이 세상을 떠나 아버지께로 가실 때가 됐다는 것을 알고 계셨습니다(요 13:1a).

만약 사람이 70, 80세까지 살다가 죽음으로 모든 것이 끝난다면 너무나 허무한 인생이 될 것입니다. 소나 개나 돼지나 짐승들은 영혼이 없습니다. 동물이든 식물이든 죽으면 그야말로 그것으로 끝입니다. 그러나 영적 존재인 인간에게는 죽음이 결코 끝이 아닙니다.

인생에 관한 근본적인 세 가지 질문이 있습니다. 첫 번째 질문은 "인간은 어디에서 비롯된 존재인가?"입니다. 이것은 삶의 본질에 관한 문제입니다. 부모에게서 비롯된다거나 우연히 생겨난다는 대답은 올바른 답이 아닙니다. 정답은 "모든 인생은 하나님으로부터 비롯된다"는 것입니다.

창조주 없이는 피조물이 존재할 수 없습니다. 인간은 자신이 피조물임을 압니다. 동물과 달리 인격적인 존재요 지적인 존재입니다. 그렇다면 인간을 지으신 그분은 인격적이며 지적인 분이실 것입니다.

두 번째 질문은 "인간은 무엇을 위해 사는가?"입니다. 삶의 의미와 목적에 관한 질문입니다. 대부분 이 질문에서 길을 잃고 방황합니다. 인간은 무의미한 존재가 아니며 목적 없이 사는 존재가 아닙니다. 피조물인 인간에게는 하나님을 위해 살다가 그분께로 돌아가야 하는 분명한 목적과 의미가 있습니다. 그러므로 자신을 위해 사는 것은 삶의 목적이 될 수 없습니다. 보내신 분의 목적대로 살아야 합니다.

　마지막 세 번째 질문은 "인간은 죽으면 어디로 가는가?"입니다. 이것은 인간의 종말에 관한 질문입니다. 사람은 결국 죽게 되어 있습니다. 죽음으로 모든 것이 끝날까요? 아닙니다. 죽음 이후에 영원한 삶이 기다리고 있습니다. 인간은 하나님께로 돌아갈 것입니다.

　예수님은 이 사실을 정확히 아셨습니다. 하나님의 아들 예수 그리스도께서는 자신이 인류를 위해 세상에 왔으며 그들을 위해 십자가를 져야 한다는 사실을 아셨고, 죽은 후에 사망 권세를 이기고 부활하여 하나님께로 돌아가게 되리라는 것을 분명히 알고 계셨습니다.

　우리 삶의 여정도 이와 같습니다. 사람은 하나님으로부터 와서 하나님을 위해 살다가 하나님께로 돌아가게끔 되어 있다는 사실을 알아야 합니다. 태초에 하나님이 사람을 지으실 때는 질병이나 죽음이 없었습니다. 우리를 하나님처럼 영생하는 완전한 존재로 지으셨으나 하나님께 죄를 짓는 바람에 죽음과 질병과 어둠이 찾아오게 된 것입니다.

　그래서 하나님은 독생자 예수 그리스도를 세상에 보내시어 인간의 좌절과 절망을 짊어지고 질병과 죽음을 십자가에 못 박게 하셨습니다. 그 덕분에 누구든지 예수 그리스도의 십자가 죽음을 믿으면 영생하는 본래 존재로 회복됩니다. 그러므로 우리는 항상 예수 그리스도를 지금 이 시간에 믿으라고 권고해야 합니다. 이것만이 우리가 저지른 죄와 절망에서 벗어나 질병과 죽음으로부터 회복될 수 있는 유일한 길입니다. 이것이 하나님의 방법입니다.

셋째, 예수님의 선택은 무조건적이며 그분의 사랑은 영원합니다. "세상에 있는 자기의 사람들을 사랑하시되"(요 13:1)라는 구절의 시제는 과거 완료형입니다. 12장까지 불특정 다수에게 설교하시던 예수님이 13장에서는 제자들에게만 말씀해 주십니다. 그들은 예수님이 세상에서 친히 선택하신 사람들입니다. 성경은 예수님이 그들을 사랑하시되 끝까지 사랑하셨다고 말합니다.

만약 어떤 남자가 "나는 세상의 모든 여자를 사랑한다"고 말한다면, 그는 박애주의자이거나 난봉꾼일 것입니다. 그런 말에는 감동이 없습니다. 그런데 어떤 사람이 "나는 당신을 사랑합니다. 당신을 위해 인생을 바칠 각오가 돼 있고, 직장이든 조국이든 다 버릴 수 있습니다. 심지어 생명까지도 걸 수 있습니다"라고 말한다면, 그 말을 듣는 여인이 얼마나 감동하겠습니까?

그러나 세상에서의 사랑은 대개 조건이 있습니다. 똑똑하고, 잘나고, 명예가 있고, 돈이 있고, 권력이 있어야 합니다. 자신에게 유익이 있어야 사랑에 빠집니다. 아무런 유익도 주지 못하는 사랑은 오래가지 못합니다. 세상 사람들은 권력자 주변에 구름 떼처럼 몰려들다가도 권력이 사라지면 찬바람을 일으키며 떠나갑니다. 이것이 세상에서의 사랑의 이치입니다. 사랑함에도 목적이 있고, 목적을 이루기 위해서 사람을 사귑니다.

또한 세상에서의 사랑에는 한계가 있습니다. 상황이 바뀌면 사랑도 변합니다. 어떻게 보면 사랑만큼 이기적인 감정도 없습니다. 사랑한다고 말하지만, 내면으로 파고들어 가면 모두 이기적인 사랑입니다. 조건을 따지고 유익을 계산하는 사랑은 거짓입니다.

그와 달리 예수님은 아무 조건 없이 우리를 무한히 사랑하십니다. 예수님의 사랑엔 한계가 없습니다. 우리가 잘나서 유명해서 돈이 많아서 사랑하시는 것이 아닙니다. 예수님의 사랑을 받을 만한 가치나 능력이나 자랑거리가 없는데도 우리를 사랑하십니다.

못난 우리를 왜 사랑하실까요? 그 이유는 아무도 모릅니다. 우리는 그저 주님의 사랑을 입을 뿐입니다. 예수님의 사랑은 선택이요 은혜입니다.

세상에서 예수님의 사랑과 가장 비슷한 사랑을 찾는다면, 단연 부모의 사랑을 꼽을 것입니다. 부모는 자녀가 앞서 죽게 되면 "차라리 저를 데려가시고 아이를 살려 주세요"라고 절규합니다. 자기 목숨보다도 자녀를 더 귀히 여기기 때문입니다. 그런데 부모의 사랑은 맹목적입니다. 때로는 정의를 무시하기도 합니다. 반면에 예수님은 자기 생명을 내놓을 정도로 우리를 사랑하시지만, 그 사랑은 공의에 기초한 것입니다.

끝까지 사랑한다는 말의 의미

예수님이 십자가에서 죽기까지 우리를 사랑하신 일은 과거에 끝난 사실일까요? 절대 아닙니다. 예수님은 지금도 그때와 똑같이 우리를 사랑하고 계십니다. 그리고 사람이 죽고 난 뒤에도 그 사랑을 포기하지 않으십니다.

1절 말씀을 다시 한 번 읽어 보겠습니다.

> 유월절 전에 예수께서는 이 세상을 떠나 아버지께로 가실 때가 됐다는 것을 알고 계셨습니다. 예수께서는 세상에 있는 자기의 사람들을 사랑하시되 끝까지 사랑하셨습니다(요 13:1).

"끝까지" 사랑한다는 것은 과거든 현재든 미래든 변함없이 사랑한다는 뜻입니다. 우리는 사랑 하면 흔히 〈로미오와 줄리엣〉, 〈노틀담의 꼽추〉, 〈겨울 연가〉 등에서 본 적 있는 환상적이며 열정적인 사랑을 떠올립니다. 그러나 순간의 열정이 곧 영원한 사랑은 아닙니다. 시간이 가고 세월이 흐르면 열정이 식고 사랑도 변하기 마련입니다. 하지만 하나님의 사랑은 한순간의 뜨거운 열정이 아닙니다.

"끝까지" 사랑한다는 것은 계속 사랑하기로 결정하고 약속한다는 뜻입니다. 사랑이란 단순한 감정이 아니라 의지의 결단임을 의미합니다. 하나님의 사랑은 의지적 사랑이며 이 사랑은 영원히 변하지 않습니다.

"끝까지" 사랑한다는 것은 상대가 어떤 실수나 죄악을 범하더라도 모두 용서하고 사랑한다는 뜻입니다. 예수님의 사랑 안에 용서가 있습니다.

"끝까지" 사랑한다는 것은 살아서도 죽어서도 사랑한다는 뜻입니다. 영원하신 하나님은 우리가 실수하거나 죄를 지어도 용서하시고, 심지어 우리가 죽은 후에도 사랑을 멈추지 않으십니다.

"끝까지" 사랑한다는 것은 사랑에 한계가 없다는 뜻입니다. 예수님은 십자가에서 죽으심으로써 우리를 향한 사랑을 확증하셨습니다. 그런데 그것으로 끝내지 않으시고, 끝까지 사랑한다고 약속하십니다.

우리 사랑은 완전하지 않습니다. 사랑한다고 말은 하지만 겉과 속이 다르게 적당히 사랑합니다. 우리 믿음은 완전하지 않습니다. 겉으로는 잘 믿는 척하지만, 속에는 믿음이 없습니다. 우리는 그런 존재들입니다. 그러나 안심하십시오. 그런 우리를 용서하시고, 오래 참으며 기다리시는 분이 계십니다. 주님은 우리를 "끝까지" 사랑하십니다.

저녁 식사를 하는 동안 마귀는 이미 시몬의 아들 가룟 유다의 마음속에 예수를 배반할 생각을 넣었습니다(요 13:2).

예수님이 열두 제자에게 "내가 너희를 사랑하는데, 다른 사람들보다 더욱 특별하게 사랑한다"고 말씀하실 때, 예수님은 제자들 가운데 자기를 배신할 자가 있음을 알고 계셨습니다. 바로 가룟 유다입니다. 예수님은 아무 내색 없이 제자들을 "끝까지" 사랑하는 모습을 보여 주십니다.

여기서 우리는 두 단어를 떠올립니다. 바로 '사랑과 배신'입니다. 이것은 어느 드라마의 주제가 아닌 주님이 베푸신 마지막 만찬의 주제였습니다. 사랑과 배신이 유월절 식탁에 나란히 올랐습니다. 예수님의 조건 없는 사랑과 무한한 용서 앞에서 가룟 유다는 사탄이 넣은 배신의 생각을 뒤에 숨기고 있었습니다.

우리 믿음의 현주소는 어디입니까? 사랑입니까, 배신입니까? 교회에 잘 나오는 척하고, 예수님을 잘 믿는 척하지만 속으로는 엉뚱한 생각을 하고 있진 않습니까? 혹시 교회를 이용하고, 하나님을 이용하려는 생각을 하고 있진 않습니까? 만약 그런 생각을 가졌다면, 그것은 하나님의 무궁하신 사랑을 배신하는 것입니다.

주님의 사랑을 배신하지 않기를 축원합니다. 값없이 주시는 하나님의 사랑에 배신이 아닌 헌신으로 보답하는 우리가 되기를 기도합니다.

2

내 더러운 발을
닦아 주시렵니까?

요한복음 13:3-11

빵과 잔을 들어 감사기도를 드리시다

나는 요한복음 중에서도 13장에 기록된 예수님이 제자들의 발을 씻겨 주신 장면을 가장 좋아합니다. 읽을 때마다 설렐 정도입니다.

13장은 예수님의 사랑 고백으로 시작됩니다.

> 유월절 전에 예수께서는 이 세상을 떠나 아버지께로 가실 때가 됐 다는 것을 알고 계셨습니다. 예수께서는 세상에 있는 자기의 사람 들을 사랑하시되 끝까지 사랑하셨습니다(요 13:1).

여기서 우리가 배울 수 있는 것은 예수님의 사역에는 언제나 사 랑의 전제가 있다는 사실입니다. 사랑 고백과 결단 없이는 어떤 일, 즉 어떤 사역을 해도 문제가 생기기 마련입니다. 그러므로 무 슨 일이든 사랑을 먼저 고백한 후에 시작해야 합니다. 사랑을 기초 로 하는 일은 물 흐르듯 자연스럽게 진행되는 법입니다.

예수님의 사랑은 변함이 없고 지극하며 애절합니다. 예수님은 끝까지 사랑하시는 분입니다. 도중에 포기하지 않고, 아무 조건 없 이 생명을 바쳐 끝까지 사랑하십니다. 그에 비해 인간의 사랑은 어 떻습니까? 한순간이나 얼마 동안은 지극하고 애절할 수 있지만,

인간의 사랑 이면에는 배신이라는 마귀가 도사리고 있곤 합니다.

> 저녁 식사를 하는 동안 마귀는 이미 시몬의 아들 가룟 유다의 마음
> 속에 예수를 배반할 생각을 넣었습니다(요 13:2).

마귀가 가룟 유다에게 예수님을 팔 생각을 집어넣었습니다.

그런데 마귀가 시켜서 죄를 지으면, 인간은 아무 책임이 없는 것
일까요? 그렇지 않습니다. 마귀가 인간에게 죄지을 생각을 집어
넣어 줄지라도 인간에게는 그것에 동의하거나 동의하지 않을 의
지가 있습니다. 마귀가 불어넣은 생각을 받아들이는 것이 문제입
니다. 그러므로 모든 죄는 마귀와 인간의 합작품이라고 할 수 있습
니다.

마가의 다락방에서 예수님이 사랑하는 제자들과 함께 소박한
만찬을 하십니다. 이 장면은 레오나르도 다빈치(Leonardo da Vinci)
의 작품 〈최후의 만찬〉으로 널리 알려졌으며, 여러 세대를 거쳐 오
늘날까지도 큰 영향력을 끼치고 있습니다.

왜 많은 사람이, 특히 예수님을 믿는 사람들이 최후의 만찬에서
영감을 얻곤 할까요? 바로 이 만찬 자리에서 두 가지 사건이 일어
났기 때문입니다. 첫 번째 사건은 이곳에서 성만찬이 처음 거행되
었다는 것입니다.

그들이 식사를 하고 있을 때에 예수께서 빵을 들어 감사기도를 드리신 후 떼어 제자들에게 주면서 말씀하셨습니다. "받아서 먹어라. 이것은 내 몸이다." 그리고 또 잔을 들어 감사기도를 드리신 후 제자들에게 주시면서 말씀하셨습니다. "너희 모두 이것을 마시라. 이것은 죄 사함을 위해 많은 사람들을 위해 흘리는 내 피, 곧 언약의 피다(마 26:26-28).

이때는 제자들이 예수님의 말씀을 제대로 이해하지 못할 때입니다. 십자가 사건이 있은 후에야 비로소 깨닫게 될 것입니다.

예수님을 믿을 때 갈등이 생기는 이유는 머리로 이해하려고 하고, 의지로 믿으려 하기 때문입니다. 잘 믿다가도 의심이 들거나 논리에 맞지 않다는 생각이 들면 갈등하기 시작합니다. 그러나 예수님이 내 안에, 내가 예수님 안에 있으면 이야기가 달라집니다. 제대로 이해하고 제대로 믿게 됩니다. 예수님이 내 안에 들어오신다는 것은 내 삶에 주님의 흔적이 있게 된다는 뜻입니다.

우리는 자기도 모르는 사이에 성만찬을 통해 영적으로 아주 중요한 의식을 치릅니다. 성만찬은 예수님의 말씀이 우리의 피가 되고 살이 되는 것을 상징하기 때문입니다. 그러므로 예수님을 먹는다는 것보다 더 정확한 표현은 없습니다.

그런 의미에서 최후의 만찬은 아름다웠고, 후대에 길이길이 전해지는 사건이 되었습니다.

허리에 수건을 두른 종의 모습으로 섬기시다

두 번째 사건은 예수님이 식탁에서 일어나 겉옷을 벗고 허리에 수건을 두르시고 대야에 물을 담아다가 제자들의 발을 씻기신 일입니다.

성만찬과 발 씻기신 일 중에 어느 사건이 먼저이고 나중인지는 알지 못합니다. 마태, 마가, 누가복음에는 성만찬만 있고, 요한복음에는 제자들의 발을 씻기신 사건만 기록되어 있습니다. 그러나 사복음서를 종합해 보면, 예수님이 제자들의 발을 씻겨 주신 사건과 성만찬은 하나임을 알 수 있습니다. 제자들의 발 씻기심은 단순한 섬김과 겸손을 넘어서 성만찬을 의미한다는 뜻입니다. 우리의 봉사와 헌신에 십자가 희생과 성만찬의 의미가 없다면, 모두 자기 의에 그치고 말 것입니다. 그리스도인의 섬김과 봉사와 헌신에는 성만찬의 의미가 담겨야 합니다.

예수님이 제자들의 발을 씻기신 것은 그들의 발이 더러웠기 때문이거나 유대 문화의 관습을 따르기 위해서가 아니었습니다. 단순히 섬김과 겸손의 도리를 가르치기 위해 주신 메시지도 아니었습니다. 그보다 훨씬 더 깊은 의미가 있습니다. 영적 통찰력으로 보면 구원을 상징하는 사건입니다.

우리의 더러운 발을 관습에 따라 또는 섬김과 봉사의 의미로 씻겨 준다면 목욕업 종사자가 씻겨 주는 것과 별 차이가 없습니다. 그들에게 돈을 주면 발뿐 아니라 온몸을 씻겨 줍니다. 그런 일에는 감동이 없습니다. 그런데 생각지도 못한 사람이 발을 씻겨 주면 큰 감동이 있습니다. 만약에 집안의 어른이신 할아버지가 자손들의 발을 씻겨 주시겠다고 하면 일순간 모두 움찔할 것입니다. 하물며 하나님이 우리 발을 씻겨 주신다면 얼마나 큰 충격과 감동을 받겠습니까? 예수님이 제자들의 발을 씻기신 사건이 바로 그러했습니다.

> 예수께서는 아버지께서 모든 것을 자기 손에 주셨으며 자신이 하나님께로부터 왔다가 하나님께로 돌아갈 것을 아시고는 식탁에서 일어나 겉옷을 벗고 허리에 수건을 두르셨습니다. 그러고 나서 대야에 물을 담아다가 제자들의 발을 씻기시고 허리에 두른 수건으로 닦아 주셨습니다(요 13:3-5).

이 구절에서 몇 가지 사실을 발견합니다. 첫째, 예수님은 말씀이 없으십니다. 진정한 사랑은 말이 필요 없습니다. 조건 없이 행동하고, 이유 없이 실천합니다. 예수님은 사랑과 애정으로 아무 말 없이 제자들의 발을 씻겨 주셨습니다.

둘째, 예수님은 종의 모습으로 제자들의 발을 씻기셨습니다. 진정한 사랑은 지배자의 모습이 아닌 종의 모습으로 전해집니다. 우리가 좋은 일을 하고도 사람들에게 감동을 주지 못하는 이유는 스스로 능력자 행세를 하기 때문입니다. 겸손하게 종의 모습으로 헌신할 때 비로소 감동을 줄 수 있습니다.

셋째, 예수님은 제자들의 발을 친히 씻기셨습니다. 발을 씻겨 주실 뿐만 아니라 젖은 발을 수건으로 닦아 주시기까지 했습니다. 사랑은 말과 생각만으로는 전해지지 않습니다. 사랑하면 다른 사람들이 하기 싫어하는 일도 묵묵히 끝까지 마무리합니다. 진정한 사랑은 수고하고 힘씀을 통해 전해집니다.

넷째, 제자들의 발을 씻기는 예수님의 모습에서 하늘 보좌를 버리고 이 세상에 오신 하나님의 독생자께서 우리 죄의 구원을 위해 십자가에서 처참하게 죽으시는 모습을 볼 수 있습니다.

> 그분은 본래 하나님의 본체셨으나 하나님과 동등됨을 기득권으로 여기지 않으시고 오히려 자신을 비워 종의 형체를 가져 사람의 모양이 되셨습니다. 그리고 그분은 자신을 낮춰 죽기까지 순종하셨으니, 곧 십자가에 달려 죽으신 것입니다(빌 2:6-8).

만약 미국 대통령이 한 어린이의 발을 씻기기 위해 아프리카의 작은 나라를 방문한다면, 아마도 전 세계 언론이 주목할 것입니다. 힘 있는 사람이 몸을 낮추는 모습은 아름답고, 능력 있는 사람이 양보하면 감동을 줍니다. 심지어 만왕의 왕께서 종의 모습으로 오셔서 십자가에 달려 죽기까지 우리를 아끼고 사랑하시는데, 어떻게 존경과 사랑을 보내지 않을 수 있겠습니까?

그러나 나중에는 알게 되리라

예수님이 제자들의 발을 한 사람씩 씻기셨고, 곧 시몬 베드로의 차례가 되었습니다.

> 예수께서 시몬 베드로에게 다가가셨습니다. 그러자 베드로는 "주여, 제 발도 씻겨 주려 하십니까?" 하고 말했습니다(요 13:6).

베드로가 불편한 심기를 드러냅니다. 예수님이 다른 제자들의 발을 다 씻기시고 마침내 자신에게도 다가오시자 당혹감을 감추지 못한 것입니다. 베드로는 "주님, 어찌 나를 이렇게 부끄럽게 만드십니까?" 하고 묻고 싶은 심정이었습니다. 차라리 예수님이 "베드로야, 이리 와서 내 발을 좀 닦아 주어라"라고 하셨더라면, 베드로는 콧노래를 흥얼거리며 "역시 주님은 나를 알아보신다니까" 하고 기꺼이 대야에 물을 떠왔을 것입니다.

그러나 자신이 주님을 위해 무엇을 해 드릴 수 있다는 생각은 교만입니다. "주여, 제 발도 씻겨 주려 하십니까?"라는 물음도 교만입니다. 예수님을 믿는다고 하면서도 자기 자존심이나 체면을 먼저 떠올리는 질문이기 때문입니다. 주님이 주시는 것을 그대로 받아들이는 것이 겸손입니다.

예수님이 베드로에게 대답하십니다.

"너는 내가 하는 일을 이해하지 못하는구나. 그러나 나중에는 알게 될 것이다"(요 13:7).

베드로는 단순히 발을 씻겨 주시는 일만 생각했지만, 예수님은 영적인 의미로 말씀하신 것이었습니다. 하나의 사건을 두고 주님과 베드로의 생각이 다르니 뜻이 통하지 않습니다.

그런데도 베드로는 물러서지 않고 "제 발은 절대로 씻기지 못하십니다"라고 말하며 막무가내로 고집을 부립니다. 예수님이 "내가 너를 씻겨 주지 않으면 너는 나와 아무 상관이 없다"고 말씀하신 뒤에야 베드로가 겁을 먹고 태도를 바꿉니다.

시몬 베드로가 예수께 대답했습니다. "그렇다면 주여, 제 발뿐 아니라 손과 머리도 씻겨 주십시오"(요 13:9).

처음에는 자기 발을 절대로 씻기시지 못하게 막더니 이제는 발뿐 아니라 손과 머리도 씻겨 달라고 합니다. 이같이 양극단으로 치닫는 신앙 자세는 매우 위험합니다. 우리가 늘 경계해야 하는 이단의 한자 뜻이 무엇인 줄 압니까? 다를 이(異)에 끝 단(端)입니다. 처음은 같은데 끝이 다른 것이 이단입니다. 지나치게 한쪽을 강조하거나 극단적으로 몰고 가는 것은 그만큼 위험한 일입니다.

예수님의 대답이 기가 막힙니다.

예수께서 베드로에게 말씀하셨습니다. "이미 목욕한 사람은 온몸이 깨끗하기 때문에 발밖에는 씻을 필요가 없다. 너희는 깨끗하지만 너희 모두가 다 깨끗한 것은 아니다." 예수께서는 누가 자신을 배반할지 알고 계셨기 때문에 '너희 모두가 다 깨끗한 것은 아니다'라고 말씀하신 것입니다(요 13:10-11).

구원받은 자가 하나님 앞에서 가져야 할 겸손과 온유와 섬김의 자세가 무엇인지, 무엇이 세상을 변화시키는지를 보여 주시는 메시지입니다.

예수님과 베드로의 대화에서 세 가지 교훈을 발견합니다.

첫째, 진정한 믿음은 하나님께 무엇을 해 드리는 것이 아니라 주님이 하시는 일을 받아들이는 것입니다. 무엇을 하면 주님을 기분 좋게 해 드릴까 또는 어떤 일을 하면 생색이 날까를 생각하지 말라는 뜻입니다. 주님이 발을 씻겨 주신다고 할 때 발을 앞으로 내미는 것이 겸손이요 순종입니다. 인간적인 생각으로 만류하며 우기는 것은 오히려 오만이요 교만입니다.

둘째, 발 씻기와 목욕이 의미하는 바가 다릅니다. 발 씻기는 회개를 가리키고, 목욕은 구원을 가리킵니다. 구원받은 자는 구원을 다시 논할 필요가 없습니다. 목욕을 이미 했더라도 손발은 언제든지 더러워질 수 있습니다. 외출했다가 집으로 돌아오면 손발부터 씻지 않습니까? 마찬가지로 우리는 예수님을 믿고 구원을 받았지만, 수시로 짓는 죄를 주님의 이름으로 회개하며 닦아 내야 합니다. 이것이 바로 예수님이 제자들의 발을 씻기신 의미입니다.

셋째, 극단적인 신앙은 위험합니다. 건강한 신앙은 모든 면에서 균형 잡혀 있습니다. 건강하다는 것은 몸의 어느 한 부분만이 아니라 전체가 골고루 튼튼하다는 뜻입니다. 그리스도인에게는 믿음과 행함의 균형이 필요합니다. 십자가와 부활의 균형도 필요합니다. 십자가에서 죽는 일도 중요하지만, 부활의 영광도 중요하다는 뜻입니다. 또한 성령과 말씀의 균형, 근로와 휴식의 균형, 침묵할 때와 웅변할 때의 조화가 필요합니다.

오늘날 기독교는 착한 일을 권장하는 선행(善行) 종교가 된 듯합니다. 다른 종교들도 마찬가지로 선행을 강조합니다. 그러나 기독교 진리의 핵심은 차원 높은 구원론에 있습니다. 그런데 많은 사람이 이런 영적 진리를 깨닫지 못한 채 습관적으로 교회에 다니곤 합니다. 도덕적이며 윤리적인 메시지를 들으러 오는 것입니다. 그런 사람은 자기 삶을 절대로 변화시킬 수 없습니다. 하나님을 믿는다고 하면서도 개인의 삶에 변화가 없다면 그 믿음은 가짜입니다.

예수님이 제자들의 발을 씻겨 주신 것처럼 우리도 다른 사람의 발을 씻겨 주는 복이 있기를 축원합니다.

3

저 사람의 발을
닦아 주라니요?

요한복음 13:12-17

내가 너희에게 한 일을 알겠느냐

유월절 전에 예수님이 마가 다락방에서 베푸신 만찬은 어떤 때보다 더 의미 있고 뜻깊은 자리입니다. 왜냐하면 이 만찬이 끝나고 나면, 예수님은 기도하러 겟세마네 동산으로 가셨다가 체포되실 것이기 때문입니다. 십자가를 지기 전에 제자들과 나누시는 마지막 식사입니다.

내일 죽을 것을 아는 사람은 오늘 말하는 것이나 사람을 만나는 것이 다를 것입니다. 예수님은 사랑하는 제자들을 언제나 진실하고 따뜻하게 대하셨습니다. 이 밤에도 제자들에게 진심 어린 말씀을 해 주시지만, 제자들은 그 말씀들을 전혀 깨닫지 못합니다. 예수님이 십자가에 달리시리라고는 상상도 하지 못했던 것입니다.

예수님이 제자들의 발을 차례대로 씻기신 후에 벗어 두었던 겉옷을 다시 입고 자리에 앉으십니다.

> 예수께서 제자들의 발을 모두 씻겨 주신 후 다시 겉옷을 걸치시고 자리에 돌아와 그들에게 말씀하셨습니다. "내가 너희에게 한 일을 알겠느냐?"(요 13:12).

예수님의 말씀에 제자들이 어떤 반응을 보일까요? 두 가지를 짐작해 볼 수 있습니다. 첫째, 그들은 매우 당황스러울 것입니다. 스승이 제자 앞에 무릎을 꿇고 발을 씻겨 주는데 어떻게 당황하지 않을 수 있겠습니까? 예수님의 갑작스러운 행동에 충격을 받고 당황한 상태였을 것입니다.

둘째, 그들은 예수님께 낯을 들 수 없을 정도로 부끄러울것입니다. 왜냐하면 바로 조금 전까지만 해도 그들은 서로 "누구를 가장 높은 사람으로 볼 것인지"(눅 22:24)를 놓고 다투며 도토리 키 재기를 하고 있었기 때문입니다. 누가 예수님께 더 인정을 받고 그분의 오른팔이 될 것인가 하는 문제로 자기들끼리 소리 없는 전쟁을 치르고 있었던 것입니다.

사람들은 종종 좋은 뜻을 품고 일하면서도 속으로는 서로 시기하며 경쟁하는 모습을 보이곤 합니다. 세상에서는 흔한 일입니다. 가정이나 직장에서도 마찬가지입니다. 내면을 들여다보면 개인적인 욕심으로 가득한 경우가 많습니다. 겉으로는 친절하게 웃으면서도 속으로는 '내가 저 사람을 밟고 일어서야 성공할 수 있어. 경쟁에서 절대로 밀려나지 않을 거야'라고 다짐하며 남보다 앞서기 위해 수단과 방법을 가리지 않습니다. 어떤 이들은 상대방의 이기심이나 질투심을 이용해 일을 꾸미기도 합니다. 마치 상대방을 위하듯이 하지만 실은 교활하게 이용하는 것입니다.

사랑의 마음으로 진실하게 섬기며 비전을 품고 동역하는 사람을 만나기란 쉽지 않습니다. 예수님의 제자라면 사심 없이 서로 섬기고 높이며 격려해 주어야 하지만, 그들도 예수님의 십자가 사역이 완성될 때까지는 그렇게 살지 못했습니다.

큰 자가 되고 싶다면 겸손하라

예수님의 질문에 제자들은 쉽게 답하지 못합니다. 유구무언입니다. 사실 발 씻기보다 더 중요한 것은 마음 씻기입니다. 허리를 굽히는 것보다 자존심을 꺾는 일이 더욱 중요합니다.

> 너희가 나를 '선생님' 또는 '주'라고 부르는데 그것은 옳은 말이다. 내가 바로 그런 사람이다. 주이며 선생님인 내가 너희 발을 씻겨 주었으니 너희도 서로 남의 발을 씻겨 주어야 한다(요 13:13-14).

주님은 제자들에게 항상 자신을 낮추고 상대방을 높이라는 뜻으로 친히 모범을 보이신 것입니다. 하나님의 일을 할 때, 경쟁심을 품거나 자존심을 내세우지 말며 교만과 이기심에 지배당하지 말라는 의미입니다.

예수님은 분명히 주님이요 스승이셨습니다. 생각해 보면, 예수님 같은 스승은 어디에도 없습니다. 인류 역사상 예수님 같은 분은 결단코 없습니다. 그분은 온 인류의 구원자이시며, 하나님의 독생자이며 완전한 인간이셨습니다. 그렇게 위대하신 분이 제자들의 발을 씻기시고 나서 내가 너희 발을 씻겨 주었듯이 너희도 서로 남의 발을 씻겨 주어야 한다고 말씀하십니다.

성경은 인간을 짐승이나 벌레나 티끌이나 먼지와 같은 존재로 표현합니다. 그렇게 낮고 천한 죄인을 지극히 높으신 하나님이 섬겨 주셨는데, 같은 인간끼리 서로 섬기고 발을 씻겨 주는 것이 마땅합니다.

여기서 몇 가지 중요한 영적 교훈을 발견할 수 있습니다.

첫째, 높은 자일수록 더욱 낮아져야 한다는 것입니다. 겸손은 단순히 낮아지는 것을 의미하지 않습니다. 겸손이란 힘 있는 자가 그 힘을 사용하지 않는 것입니다. 가진 자가 포기하는 것, 능력 있는 자가 져 주는 것이 겸손입니다. 이길 수 있지만 져 주고, 갈 수 있지만 가지 않고, 가지 않아도 되지만 가는 것입니다.

힘 있는 자가 그 힘을 함부로 사용하는 것은 오만입니다. 가진 자가 더 가지려고 하는 것이 오만입니다. 그만큼 가졌으면 충분할 텐데, 더 많이 가지려고 빼앗고 훔치기 때문에 죄입니다. 오만한 자는 눈빛이나 말투가 다릅니다. 목소리나 걷는 것만 봐도 티가 나니, 오만한 사람을 보면 심기가 불편해집니다.

영적 리더십과 권위는 겸손함에서 나옵니다. 겸손한 태도로 몸을 낮추는 사람을 보면 감동이 느껴집니다. 예수님이 바로 그런 분이십니다. 마구간에서 태어나시어 죄인들의 친구가 되어 주셨고,

모든 사람이 피하고 싫어하는 세리와 창녀들을 만나 주셨습니다. "여우도 굴이 있고 하늘의 새들도 보금자리가 있지만"(눅 9:58) 예수님은 머리 둘 곳조차 없으셨습니다.

둘째, 리더는 솔선수범해야 한다는 것입니다. 아브라함과 롯은 삼촌과 조카 관계였지만, 땅 문제로 갈등하기 시작했습니다. 결국 "아브람의 양치기들과 롯의 양치기들 사이에 싸움이 일어났습니다"(창 13:7). 그런데 이런 종류의 다툼은 아무도 말리지 못합니다. 우두머리끼리 만나야만 문제 해결이 가능해집니다.

아브라함이 먼저 롯을 찾아가 서로 다투지 말 것을 청합니다. 그리고 "만약 네가 왼쪽으로 가면 나는 오른쪽으로 가겠고 네가 오른쪽으로 가면 나는 왼쪽으로 가겠다"(창 13:9)고 제안하며 롯에게 선택권을 양보합니다. 그때서야 각자 갈 길을 정하고, 평화롭게 헤어집니다.

다툼이 있을 때, 먼저 화해를 청하는 사람이 큰사람입니다. 나이가 많거나 아는 것이 많아야 어른이 되는 것은 아닙니다. 순리대로 문제를 풀어 나가는 사람이 어른입니다.

나라가 어려울 때, 어떻게 해야 올바로 세울 수 있습니까? 사람들이 답을 몰라서 마냥 묵묵히 지내는 것이 아닙니다. 모두 답을 알고 있습니다. 알면서도 행하지 않는 것이 문제입니다. 겁이 나서 나서지 못하고, 이해관계가 맞물려 있어서 짐짓 모른 체하는 것입니다. 누구도 모든 문제를 한 번에 해결할 수는 없습니다. 살면서 배우고 느끼는 대로 조금씩 바꿔 나갈 때 변화가 있고, 감동이 있습니다.

예수님이 식사 중에 말없이 일어나 허리에 수건을 두르시고 물을 떠 제자들의 발을 씻기신 일은 얼마나 감동적인가요? 진정한 감동은 솔선수범하는 데 있다는 사실을 예수님에게서 배웁니다. 가정이나 직장에서 다른 사람들을 감동의 도가니에 빠지게 하는 일을 해 보길 바랍니다. 진정한 영적 권위는 솔선수범하는 데 있다는 사실을 기억하십시오.

셋째, 진정한 영적 대안은 서로 발을 씻겨 주는 것입니다. 누가 먼저냐의 문제가 아닙니다.

천국과 지옥에 관한 우스갯소리가 있습니다. 천국과 지옥에서 배고픈 사람들에게 음식을 푸짐하게 한 상 차려 주었습니다. 그리고 음식을 먹을 수 있도록 긴 숟가락을 주었습니다. 잠시 후 지옥에 가 보니 서로 자기가 먼저 먹으려고 긴 숟가락을 들고 아우성인데, 숟가락이 너무 길어서 음식을 집어 입으로 가져가 봤자 먹기도 전에 다 흘리고 말았습니다. 제대로 먹는 사람은 아무도 없고, 서로 큰소리를 내며 화만 냅니다. 이번에는 천국에 가 보니 놀라운 일이 벌어지고 있습니다. 아주 평온한 분위기에서 긴 숟가락으로 서로에게 음식을 먹여 주고 있는 것입니다. 모두가 행복한 미소를 지으며 배불리 먹었습니다.

서로 발을 씻겨 준다는 것은 어떤 의미입니까? 로마 교황청이 행하는 세족식은 종교적 의식에 불과합니다. 초점은 누가 누구의 발을 씻겨 주는 것이 아니라 '서로' 씻겨 준다는 데 있습니다. 서로 발을 씻겨 줌으로써 우리는 승리를 맛봅니다. 진정한 승리입니다. '윈-윈 게임'(win-win game)이기 때문입니다. 어느 쪽이라도 손해 보거나 다친다면, 그것은 진정한 승리라고 할 수 없습니다. 서로 승리해야 합니다.

가정에서 서로 발을 씻겨 줌으로써 모두가 승리를 맛봅니다. 행복을 얻는 것입니다. 내가 행복해야 행복한 것이 아니라 사랑하는 사람이 행복해야 내가 행복한 법 아닙니까? 아내가 행복해야 남편이 행복합니다. 아이들이 행복할 때, 부모도 행복해집니다. 사역 현장에서도 마찬가지입니다. 동역자가 행복해야 나도 행복할 수 있습니다.

남북 관계도 그렇습니다. 어느 한 쪽이 살기 위해서 다른 한 쪽을 죽여서는 안 됩니다. 남북한이 동시에 잘 살아야 행복한 것입니다.

예수님은 "너희도 서로 남의 발을 씻겨 주어야 한다"(요 13:14)고 말씀하셨습니다. 서로 발 씻겨 주라는 말씀은 서로 물어뜯고 싸우는 세상, 서로 치고받는 험악한 세상에서 피차 승리하도록 이끄시는 예수님의 대안입니다.

너희도 이와 같이 행하라

서로 발을 씻기는 간단한 행위에서 예수님이 주시는 복과 승리의 비결을 찾을 수 있습니다. 세상에서는 상대를 죽이고 나만 살겠다는 소리 없는 전쟁이 계속되고 있습니다. 그러나 남을 사지로 몰아가고, 망하게 하면서 나만 잘되기를 바란다면, 과연 잘살 수 있겠습니까? 다른 사람을 깨끗하게 함으로써 내가 깨끗해지듯이 다른 사람을 살림으로써 나도 살아야 합니다.

또한 서로 발을 씻긴다는 것은 서로의 필요를 채워 준다는 것입니다. 서로의 필요를 채워 줌으로써 피차 신뢰를 쌓습니다. 모든 문제는 서로 믿지 못하는 데서 발생합니다. 다른 사람의 말과 행동과 인격을 믿어 주어야 사회에 부어 주시는 축복을 보장받을 수 있습니다.

삶의 현장에서 서로 발을 씻기라는 예수님의 말씀을 그대로 적용해 보십시오. 아내가 남편의 발을, 남편이 아내의 발을 씻겨 주십시오. 사장은 직원의 발을, 직원은 사장의 발을 씻겨 보십시오. 기적이 일어날 것입니다. 상대방의 필요가 눈에 보일 것이고, 서로 신뢰하며 존경할 수 있게 될 것입니다.

내가 너희에게 행한 대로 너희도 행하게 하기 위해 내가 본을 보여 주었다(요 13:15).

예수님이 제자들의 발을 씻기신 이유를 말씀해 주십니다. 예수님이 행하신 대로 제자들도 행하게 하기 위해 친히 본을 보이신 것입니다.

새로운 뭔가를 하려면 막막하지만, 본을 보고 그대로 따라 하라고 하면 한결 마음이 편안해지지 않습니까? 신앙생활이란 예수님을 닮아 가는 과정입니다. 예수님이 보여 주신 대로 따라 하기만 하면 됩니다. 그러니 사실 신앙생활처럼 쉬운 것도 없습니다.

이스라엘 백성이 출애굽하여 광야를 떠돌 때, 하나님이 모세에게 성막을 지으라고 명령하셨습니다. 그리고 성막과 관련한 모든 사항을 자세히 일러 주셨습니다. 치수는 물론이고, 디자인까지 하나하나 지시해 주십니다.

모세는 하나님이 가르쳐 주신 대로 일을 수행했습니다. 자기 취향과 자기 생각과 자기 의지대로 하지 않았습니다. 작은 디자인 하나도 멋대로 바꾸지 않았습니다.

아파트를 짓는데, 설계도가 마음에 들지 않는다고 시공사가 임의로 바꿔 버리면 되겠습니까? 안 됩니다. 건축 설계사가 설계한 대로 시공해야 합니다. 철근이나 시멘트의 양을 조금이라도 빼거나 줄이면, 언제 무너질지 모를 불량 건물이 되고 맙니다.

예수님이 보이신 본을 보고 따르는 것을 가리켜 '순종'이라고 합니다. 늘 말씀대로 사는 것이 재미없을 수도 있습니다. 그런데 기가 막히는 것은 말씀대로 순종할 때, 죽은 자가 살아나고, 30배, 60배,

100배의 열매가 맺히는 기적이 일어나더라는 것입니다.

> 내가 진실로 진실로 너희에게 말한다. 종이 주인보다 높지 않고 보
> 냄을 받은 사람이 보내신 분보다 높지 않다. 너희가 이것들을 알고
> 그대로 행하면 복이 있을 것이다(요 13:16-17).

인생에서 복은 많은 돈이나 성공이나 건강이나 명예가 아닙니
다. 서로 발을 씻겨 줄 때, 진정한 복을 누릴 수 있습니다. 서로의
필요를 채워 주고, 피차 신뢰함으로써 함께 성공할 수 있습니다.
그럴 때 비로소 사회가 통합되고, 가정이 치유되며, 남북한이 통일
될 수 있을 것입니다.

4

주여,
그가 누구입니까?

요한복음 13:18-30

마지막 기회를 놓치다

하루 안에 낮과 밤이 있듯이, 인간의 내면에도 전혀 다른 두 개의 얼굴이 있습니다. 바로 '충성'과 '배신'의 얼굴입니다. 어떤 사람은 가정과 직장과 사회에 늘 충성합니다. 반면에 어떤 사람은 삶의 모든 영역에서 배신을 일삼습니다.

배신하는 사람한테서는 두 가지 모습을 엿볼 수 있습니다. 하나는 자기 행위를 끝까지 위장하는 것입니다. 어쩔 수 없는 상황에서 배신하는 경우도 있겠지만, 의지를 갖고 스스로 배신하는 경우가 더 많습니다. 배신하는 행위에 관한 집념은 아무도 꺾지 못합니다. 왜냐하면 본인이 자기 의지로 배신을 스스로 선택하기 때문입니다. 그런 유형의 사람으로 첫 번째는 단연코 인류를 죄악으로 내몰고 만 아담과 이브라고 할 수 있습니다.

예수님이 사랑하신 열두 제자가 있습니다. 그들은 예수님이 십자가에 못 박혀 돌아가실 줄도 모른 채 마가의 다락방에 모여 마지막 만찬을 가집니다. 이때 예수님이 제자들의 발을 씻겨 주십니다. 그 자리에서 특별히 눈에 띄는 사람은 바로 가룟 유다입니다. 예수님은 가룟 유다의 배신으로 말미암아 십자가를 지게 되리라는 사실을 이미 알고 계셨습니다. 그런데도 마지막 순간까지

가룟 유다에게 배신의 길을 가지 않을 기회를 주십니다. 예수님의 배려입니다.

만찬 자리에서 예수님은 중요한 두 사람을 좌우에 앉히십니다. 가룟 유다와 요한입니다. 가룟 유다를 옆에 앉히신 이유는 그의 배신을 아시고, 그의 마음을 돌이키시고자 함입니다.

> 내가 너희 모두를 두고 말하는 것이 아니다. 나는 내가 택한 사람들을 알고 있다. 그러나 '내 빵을 함께 먹는 사람이 나를 배반했다'고 한 성경 말씀이 이루어질 것이다(요 13:18).

예수님이 "내 빵을 함께 먹는 사람"이라고 콕 집어 말씀하셔도 가룟 유다는 자기는 아닌 척합니다. 누구에게 말씀하시는지 모르겠다는 듯 다른 제자들을 둘러봅니다. 그러나 예수님이 빵 한 조각을 적셔서 가룟 유다에게 주시자 곧 사탄이 그에게 들어갑니다. 그러나 그는 이미 예수님을 배신하려는 뜻이 있었던 것입니다.

가룟 유다가 예수님을 배신하는 이유는 예수님을 팔아넘기기 위함입니다. 여기서 가장 중요한 것은 그가 자기 의지로 예수님을 배신할 것을 선택하여 결정했다는 점입니다. 이처럼 불신앙의 이면에는 의지적 자기 결정이 있습니다.

예수님은 시편 구절을 인용하여 가룟 유다의 배신이 구약 예언의 응답이라고 말씀하십니다.

내가 믿던 가까운 친구, 내 빵을 나눠 먹던 그 친구조차 나를 대적해 발꿈치를 들었습니다(시 41:9).

시편 41편은 다윗이 악한 자에게 배신을 당하고 느낀 고통을 기록한 시입니다. 다윗에게 신세를 지고, 그에게서 녹을 받아먹던 사람들이 배신한 것입니다. 실제로 다윗은 아들 압살롬에게 배신당하고 왕위에서 쫓겨납니다.

그리고 압살롬이 쿠데타를 일으켜 왕위를 빼앗을 때, 음모를 꾸미고 도와준 사람이 바로 아히도벨입니다. 그는 다윗에게 큰 사랑을 받던 참모였습니다. 그가 배후에서 압살롬을 조종해 쿠데타를 일으키고 왕위를 빼앗았습니다. 그러나 결국 압살롬에게 버림을 받은 후 자기 고향으로 돌아가 스스로 목매어 죽었습니다(삼하 17:23).

이처럼 함께 일한다고 내 편이 아니며, 내게 신세를 지고 유익을 얻는 사람이 영원한 친구가 되어 주는 것은 아닙니다. 어느 날 갑자기 그들이 배신의 칼을 빼들고 죽이며 모든 재산을 빼앗아 갈 수도 있습니다.

예수님은 3년 동안 가룟 유다를 데리고 다니며 많은 것을 가르치실 때, 그 마음을 돌이킬 기회를 여러 번 주셨습니다. 이제 하룻밤만 지나면 예수님이 십자가에 못 박혀 돌아가실 텐데, 예수님의 옆자리에 앉아 최후의 만찬을 갖는 마지막 순간까지도 가룟 유다는 회개의 기회를 거부합니다. 철저하게 위장한 배신자의 전형적인 모습입니다.

> 그 일이 일어나기 전에 내가 지금 너희에게 미리 말해 두는 것은, 그 일이 일어나면 내가 그라는 것을 너희로 하여금 믿게 하려는 것이다(요 13:19)

예수님은 왜 일이 일어나기 전에 미리 말씀해 주실까요? 마지막 순간까지도 가룟 유다의 배신을 막고 싶으시기 때문입니다. 그러나 그는 스스로 선택한 일을 포기하지 않습니다. 결국, 그는 배신의 칼을 빼듭니다.

주님은 물론 가룟 유다의 행위를 완력으로 얼마든지 제압하실 수 있습니다. 그러나 주님의 사랑은 물리적인 힘으로 강요하는 것이 아니라 스스로 회개하고 돌아오게끔 하는 것입니다. 완력으로 무릎을 꿇릴 수는 있지만, 마음의 회개까지는 시킬 수는 없기 때문입니다. 겁을 줘서 고개를 숙이게끔 만드는 것은 진정한 회개라고 할 수 없습니다. 회개는 스스로 가던 길을 돌이키는 것이기 때문입니다.

가룟 유다가 끝까지 돌이키지 않는 것을 보시고, 예수님은 마음이 얼마나 무거우셨을까요? 얼마나 외로우셨을까요? 자식이 죄에서 돌이키지 않을 때, 부모가 느끼는 심정이 그럴 것입니다. 자식이 방탕하게 살려고 작정하면, 부모라도 어쩔 도리가 없습니다.

예수님이 앞으로 될 일을 미리 말씀해 주신 이유는 가룟 유다의 배신이 제자들과 공동체에 막대한 영향을 끼칠 것을 아셨기 때문입니다. 스승을 팔아넘겨 십자가에 못 박혀 죽으시게 만들고, 제자들의 공동체가 풍비박산 나게 하는 일은 그리 간단한 문제가 아닙니다.

또한 나중에 제자들이 이렇게 반문할 수도 있습니다. "우리 주님은 그 엄청난 일이 일어나리라는 것을 도무지 알지 못하셨단 말인가?"

예수님은 마지막 순간까지도 최선을 다하실 테지만, 가룟 유다는 자기 길로 가 버릴 것입니다. 주님은 이것을 이미 아시고, 제자들의 믿음이 흔들리지 않도록 미리 말씀해 주신 것입니다. 나중에라도 제자들이 예수님은 가룟 유다를 용서하길 원하셨으며 마지막 순간까지 회개할 기회를 주셨다는 사실을 알기를 바라신 것입니다. 그들은 주님이 하나님의 독생자요 인류의 구원자이심을 믿게 될 것입니다.

> 내가 진실로 진실로 너희에게 말한다. 누구든지 내가 보내는 사람을 영접하는 사람은 나를 영접하는 사람이요, 나를 영접하는 사람은 나를 보내신 분을 영접하는 사람이다(요 13:20).

예수님은 왜 가룟 유다를 끝까지 품으려고 하셨을까요? 우리에게 구원의 메시지를 전해 주시기 위함입니다. 구원의 진리는 변함이 없습니다. 가룟 유다가 배신하더라도 예수님이 이루실 구원의 진리를 바꾸지는 못합니다. 구원의 진리는 지금 예수님을 믿고 따르는 사람들이나 장차 믿고 따를 사람들에 의해 계속해서 선포될 것입니다.

가룟 유다가 배신해도, 설사 천지가 뒤바뀐다고 해도 결코 변할 수 없는 진리 중의 하나는 예수님이 메시아이시라는 사실입니다.

배신 앞에 선 예수의 마음

> 예수께서는 이렇게 말씀하시고 나서 심령으로 몹시 괴로워하며 말씀하셨습니다. "내가 진실로 진실로 너희에게 말한다. 너희 중 하나가 나를 배반할 것이다"(요 13:21).

말씀을 마치신 예수님은 심령이 몹시 괴로우셨습니다. 사람이라면 여러 감정이 뒤섞여 어찌할 바를 모를 상태가 되었다는 뜻입니다. 힘 있는 자가 힘을 사용하면 문제는 간단히 해결됩니다. 그러나 힘이 있는데도 사용하지 않을 때, 고독해집니다. 이것이 예수님의 고독입니다.

막강한 재력과 권력이 있는 사람은 대적을 간단히 없앨 수 있습니다. 그럴 수 있지만 그렇게 하지 않는 것이 겸손입니다. 가진 능력을 사용하지 않기란 여간 힘든 일이 아닙니다. 상대방을 살릴 수 있는데, 이를 외면하는 것도 힘든 일입니다. 여기에 가진 자의 고독이 있고, 힘 있는 자의 아픔이 있습니다.

이쯤에서 아담과 이브의 선악과 사건을 새롭게 볼 필요가 있습니다. 가룟 유다의 배신과 관련이 있기 때문입니다. 우리는 아담과 이브가 하나님이 먹지 말라고 하신 선악과를 "먹기에 좋고 눈으로 보기에도"(창 3:6) 좋아서 따 먹은 것으로 알고 있습니다. 그런데 이 사건에는 영적으로 깊은 의미가 있습니다. 하나님은 아담과 이브가 죄를 범할 것을 아시면서도 그냥 두셨습니다. 얼마든지 막을 수 있으셨을 텐데, 내버려두셨습니다.

예수님은 가룟 유다가 밖으로 나갈 때까지 계속해서 그에게 기회를 주십니다. 밖으로 나가지 못하게 막지 않으십니다. 그가 스스로 생각을 바꾸어 회개하고 돌아오기를 바라시기 때문입니다.

그러므로 "너희 중 하나가 나를 배반할 것이다"라는 말씀은 실은 가룟 유다에게 하신 말씀입니다. 예수님이 심적으로 얼마나 힘드셨겠습니까? 제자들의 발을 씻겨 주시고, 성만찬을 베푸시는 중에도 사랑하는 제자들 가운데 하나가 자신을 배반할 것을 아셨으니 매우 힘드셨을 것입니다.

사람들은 너무 쉽게 예수님을 믿지 않기로 작정합니다. 하나님은 그런 태도를 보시고 괴로워하십니다. 말썽꾸러기 자식이 가출해서 돌아오지 않을 때, 아버지의 심정이 그럴 것입니다. 자식이 제 발로 나갔으니 아버지는 어찌하지 못하고 울 수밖에 없습니다. 그래서 아버지는 고독한 존재입니다.

옆집 아들이 아무리 뛰어난 모범생일지라도 아버지는 불효자에게 상속권을 줍니다. 이것이 아버지의 심정입니다. 아들이 조금만 잘해 주어도 아버지가 좋아하듯이 우리가 하나님을 향해 몸을 살짝만 돌려도 주님은 매우 기뻐하십니다. 이것이 하나님 아버지의 마음이요 예수님의 마음입니다.

당시 제자들은 예수님이 주신 말씀의 의미를 잘 몰랐습니다. 오직 한 사람, 가룟 유다만이 그 의미를 알았습니다. 그러나 그는 의지를 꺾지 않고, 마음을 바꾸지 않습니다. 오히려 침묵함으로써 기만하는 태도를 보입니다.

제자들은 자기들 중 누구를 말씀하시는지 몰라 당황해 하며 서로 쳐다보았습니다. 제자들 중 하나인 예수께서 사랑하시는 제자가 예수 곁에 기대어 앉아 있었습니다(요 13:22-23).

이때 유다가 "주님, 사실은 제가 나쁜 마음을 먹었습니다"라고 고백했더라면, 결과는 달라졌을 것입니다. 아담이 선악과를 따먹은 뒤, 하나님이 찾으셨을 때 곧바로 "하나님, 제가 선악과를 따 먹었습니다"라고 고백했더라면, 결과가 달랐을 것입니다. 그러나 죄인의 악한 의지는 늘 다른 방향으로 치닫습니다.

예수 그리스도로 옷 입으라

베드로는 아직도 상황 파악을 제대로 하지 못하고 있습니다. 가룟유다 한 사람만이 예수님이 하신 말씀의 의미를 정확히 알고 있습니다.

> 시몬 베드로가 그 제자에게 손짓하며 누구를 두고 하시는 말씀인지 여쭤 보라고 했습니다. 그는 예수의 품에 기대어 물었습니다. "주여, 그가 누구입니까?"(요 13:24-25).

마지막 기회를 놓치면 모든 것이 끝납니다. 종말과 심판이 오기 전에 다가온 구원의 기회를 선택하지 않는다면, 더 이상 어쩔 수 없는 것입니다.

> 예수께서 대답하셨습니다. "내가 이 빵 한 조각을 적셔서 주는 사람이 바로 그 사람이다." 그리고 예수께서 빵 한 조각을 적셔서 시몬의 아들 가룟 유다에게 주셨습니다. 유다가 빵을 받자 사탄이 그에게 들어갔습니다. 예수께서 가룟 유다에게 말씀하셨습니다. "네

가 하려는 일을 어서 하여라." 그러나 자리를 함께한 사람들 중 아무도 예수께서 그에게 무슨 뜻으로 그런 말씀을 하시는지 아는 사람이 없었습니다. 어떤 사람들은 유다가 돈을 관리하고 있었기 때문에 예수께서 그에게 명절에 필요한 것을 사 오라거나 가난한 사람들에게 뭔가 나눠 주라고 말씀하신 것으로 생각했습니다. 유다는 빵 조각을 받은 후 밖으로 나가 버렸습니다. 그때는 밤이었습니다(요 13:26-30).

여기서 영적 교훈을 몇 가지 발견할 수 있습니다.

첫째, 배신은 타락의 신호입니다. 배신은 불순종 때문에 오는 것이지만, 순종해야 함을 알면서도 순종하지 않을 때, 마귀가 찾아오고 배신하게 됩니다. 27절 말씀에서 예수님이 적셔 주시는 빵 한 조각을 가룟 유다가 받자마자 사탄이 그의 속으로 들어갔다고 성경은 말합니다. 사탄이 먼저 가룟 유다 속으로 들어간 것이 아닙니다.

마찬가지로 뱀은 아담과 이브를 유혹할 수 있어도 그들 안으로 들어가지는 못합니다. 하지만 그들이 선악과를 따 먹은 후에는 사탄이 즉시 그들 속으로 들어갑니다.

중요한 것은 우리의 의지적 선택입니다. 마지막 순간에라도 회개하고 주님께 돌아오면 사탄은 그 자리에서 미끄러져 나갑니다. 그러나 알면서도 순종하지 않고, 의지적으로 불순종한다면, 사탄이 들어가는 것입니다.

둘째, 기회를 놓쳐서는 안 됩니다. 믿음의 갈림길에서 우리는 '믿을까 말까? 갈까 말까?'로 갈등합니다. 그때 의지를 갖고 예수님을 선택해야 합니다. 그러면 축복이 따라옵니다. 그러나 주님을 거부하면, 사탄의 세력이 봇물처럼 밀려와 지배하게 됩니다.

셋째, 그리스도의 옷을 입어야 합니다. 예수 그리스도를 바라보면, 모든 지식과 이론과 이성과 경험을 뛰어넘게 됩니다. 이성의 끝이 신앙으로 향하는 것은 아닙니다. 논리의 끝이 하나님과의 만남으로 이어지는 것도 아닙니다. 유신론을 믿는 지성인들을 보면, 그들이 나름대로 충분한 과정을 거친 후에 하나님의 존재를 믿었다는 사실을 알 수 있습니다. 성령님이 임하시면, 우리는 의지적으로 예수님을 믿기로 결정해야 합니다. 이것이 순종이고, 하나님의 은혜입니다.

마지막으로, 다음 말씀에 담긴 재미있는 표현을 살펴보겠습니다.

> 유다는 빵 조각을 받은 후 밖으로 나가 버렸습니다. 그때는 밤이었습니다(요 13:30).

"밤"이라는 시간에 주목하십시오. 모든 나쁜 짓은 밤에 일어납니다. 그래서 하나님이 사람을 지으실 때 밤에 잠자도록 만드셨습니다. 그러니 하루 일과가 끝나 밤이 되면 편안한 상태에서 속히 잠자리에 드십시오. 밤늦게 자는 사람은 우울증에 걸릴 확률이 높다고 합니다. 밤에 할 일은 잠자며 휴식을 취하는 것뿐입니다.

밤이 깊고 낮이 가까이 왔습니다. 그러므로 어두움의 일들을 벗어 버리고 빛의 갑옷을 입읍시다. 낮에 행동하듯이 단정하게 행동합시다. 방탕하거나 술 취하지 말고 음란과 호색하지 말며 다투거나 시기하지 말고 오직 주 예수 그리스도로 옷 입고 정욕을 채우려고 육신의 일을 애쓰지 마십시오(롬 13:12-14).

어거스틴은 이 말씀이 결정적인 계기가 되어 탕자 생활을 청산하고, 하나님의 자녀로 돌아올 수 있었습니다.

밤의 일에서 벗어나십시오. 그리스도인은 일찍 자고, 일찍 일어나는 새벽형의 사람들입니다. 새벽에 자기 의지를 주님 앞에 드리는 사람들입니다. 배신의 벽 앞에서도 예수 그리스도를 바라보는 사람들입니다.

자기 의지를 온통 하나님을 향해 돌리기를 축원합니다.

5

새 계명을
받습니다

요한복음 13:31-38

첫째는 하나님 사랑, 둘째는 이웃 사랑

예수님은 십자가에 못 박히시기 전에 사랑하는 제자들과 함께 작은 다락방에 모여 최후의 만찬을 가지십니다. 저녁 식사를 하는 도중에 주님은 두 가지 위대한 일을 하시는데, 하나는 제자들의 발을 씻겨 주신 것이고, 또 하나는 떡과 포도주를 제자들에게 나누어 주시는 성만찬을 베푸시는 것입니다.

예수님은 제자들의 발을 다 씻기시고, 성만찬을 베푸신 뒤에 지금까지 하신 모든 말씀을 갈무리하며 아름다운 감동을 주는 기가 막힌 말씀을 주십니다. 이날 말씀 가운데 클라이맥스라고 할 수 있습니다.

> 내가 너희에게 새 계명을 준다. 서로 사랑하라. 내가 너희를 사랑한 것같이 너희도 서로 사랑하라(요 13:34).

제자들의 발을 씻기시고, 제자들에게 자기 살과 피를 나눠 주신 예수님이 이제 새로운 계명을 주십니다. 이 계명은 지금까지 예수님이 하신 모든 말씀을 요약한 핵심이라고 할 수 있습니다.

예수님이 주신 새 계명은 "서로 사랑하라"입니다. 예수님의 말씀에는 항상 사랑이 자리 잡고 있습니다. 모든 것은 사랑으로 통하고, 사랑을 위해 존재하며, 사랑을 목표로 합니다.

다음 말씀을 보십시오.

> 그들 가운데 율법교사 한 사람이 예수를 시험하려고 질문을 던졌습니다. "선생님, 율법 가운데 어느 것이 가장 중요한 계명입니까?" 예수께서 대답하셨습니다. "'네 마음을 다하고 네 생명을 다하고 네 뜻을 다해 주 네 하나님을 사랑하여라.' 이것이 가장 중요하고 으뜸되는 계명이다. 그리고 둘째 계명도 이와 같다. '네 이웃을 네 몸처럼 사랑하여라.' 모든 율법과 예언자들의 말씀이 이 두 계명에서 나온 것이다"(마 22:35-40).

당시 율법 교사는 율법을 전문적으로 공부하여 율법에 관한 어떤 논쟁에도 자신 있게 답할 수 있는 사람이었습니다. 그런데 한 율법 교사가 예수님께 어떤 계명이 가장 중요하냐고 물은 것입니다. 예수님은 곧바로 "주 네 하나님을 사랑하여라"라고 말씀해 주셨습니다. 그것이 첫째 계명입니다. 어떤 교리나 율법보다도 크고, 어떤 사상이나 철학과도 비교할 수 없는 최고 계명입니다.

이 계명은 구약 신명기 말씀에서 비롯된 것입니다.

> 너는 네 온 마음을 다하고 영혼을 다하고 힘을 다해서 네 하나님 여

호와를 사랑하여라(신 6:5).

온 마음을 다해 하나님을 사랑하는 것이 구약의 정신입니다.
또 "네 이웃을 네 자신처럼 사랑하여라"(레 19:18)라는 예수님의
말씀은 레위기에서 비롯되었습니다.

> 너는 네 형제에게 복수하거나 원한의 마음을 품지 마라. 다만 너는
> 네 이웃을 네 자신처럼 사랑하여라. 나는 여호와다(레 19:18).

이웃 사랑은 하나님의 명령입니다. 구약의 정신은 한마디로 하
나님 사랑과 인간 사랑으로 요약할 수 있습니다. 이것은 기독교의
본질적 핵심입니다. 그리스도인과 교회가 많은 일을 하지만, 그것
은 모두 하나님을 사랑하고 인간을 사랑하자는 뜻에서 하는 것이
라고 말할 수 있습니다.
예배는 스스로 만족하기 위해서 드리는 것이 아닙니다. 성경 공
부도 스스로 성장하기 위해서 하는 것이 아닙니다. 우리가 기도하
며 예배드리고, 성경 공부하는 목적은 오로지 두 가지입니다. 첫째
는 하나님을 사랑하는 것이고, 둘째는 이웃을 사랑하는 것입니다.
이 세상에 사랑보다 더 높은 사상이 없고, 사랑보다 더 큰 철학
이 없으며 사랑보다 더 높은 가치가 없습니다. 사랑은 하나님의 본
성이고, 죄는 인간의 본성입니다.

사도 요한은 사랑에 관해 이렇게 말합니다.

사랑하는 여러분, 우리가 서로 사랑합시다. 사랑은 하나님에게서 난 것이기 때문입니다. 사랑하는 사람은 누구나 다 하나님께로부터 났고 하나님을 압니다. 사랑하지 않는 사람은 하나님을 알지 못합니다. 하나님은 사랑이시기 때문입니다(요일 4:7-8).

하나님을 빼놓고는 사랑을 말할 수 없고, 사랑을 빼놓고는 하나님을 말할 수 없습니다. 우리가 부르는 찬양과 기도도 사랑으로 점철되어 있습니다.

자기 자신을 한번 돌아보십시오. 대부분 가장 결핍되어 있는 것이 사랑일 것입니다. 여러 가지 일을 하고는 있지만, 내면을 들여다보면 사랑의 그림자마저 찾기 힘들 정도로 마음이 각박해져 있는 사람이 많습니다. 하나님을 믿는 것에서도 얼마나 이기적인지 모릅니다.

예수님이 인용하신 신명기, 레위기 말씀을 보면, 구약의 계명은 하나님을 사랑하는 것이고, 사람을 사랑하는 것임을 알 수 있습니다.

그런데 왜 예수님은 우리에게 "새 계명"을 준다고 하실까요? 사랑에 관한 계명을 이미 충분히 주셨는데, 예수님의 말씀이 새 계명이 되는 이유는 무엇입니까?

구약의 계명은 하나님을 사랑하고, 인간을 사랑하라는 것이지만, 예수님이 주신 새 계명은 "서로 사랑하라"는 것이기 때문입니다. 자기 좋을 대로 사랑하는 것이 아니라 예수님이 가르쳐 주신 사랑으로 "서로" 사랑하라는 것입니다. 특히 "내가 너희를 사랑한 것같이"라는 단서가 매우 중요합니다. 예수님의 사랑을 알아야만 제대로 사랑할 수 있습니다.

내가 너희를 사랑한 것같이 사랑하라

자기 좋을 대로 사랑하는 것은 진정한 사랑이 아닙니다. 우리는 자기 스타일대로, 자기 생각대로 사랑합니다. 하나님도 자기 마음대로 믿습니다. 자기 생각과 감정이 모든 것의 기준으로 작용합니다. 교회에 오고 싶으면 오고, 말고 싶으면 말면서도 교회에 다니는 그리스도인이라고 말합니다. 헌금하고 싶으면 하고, 싫으면 하지 않으면서도 하나님을 사랑한다고 말합니다. 자기 편한 대로 결정하고 행동하면서도 봉사한다고 말합니다. 그러나 자기 좋을 대로 해도 된다는 착각에 빠져 있을 뿐입니다.

사랑의 기준은 감동이나 도덕성이나 윤리성이나 자기만족에 있지 않습니다. 예수님이 우리를 사랑하신 것같이 우리도 하나님을 사랑하면서 서로 사랑하는 것이 기준입니다.

예수님이 말씀하신 새 계명을 구약의 계명들과 비교한다면, 그 차이를 세 가지로 정리할 수 있습니다.

첫째, 사랑의 대상입니다. 구약에서는 이방인이 사랑의 대상에서 빠져 있습니다. 사랑은 유대인들끼리 하는 것입니다. 부모는 자식을 위해서라면 무한히 견디고 참아 낼 수 있습니다. 하지만 남의 자식을 위해서라면 그렇게까지는 하지 못합니다. 그렇듯이, 구약의 계명은 하나님께 선택받은 이들끼리 사랑하라는 한계가 있었습니다.

그러나 예수님이 주신 새 계명은 사랑의 대상을 구분하지 않습니다. 유대인이든 이방인이든 상관없이 온 인류를, 지혜로운 자든 어리석은 자든, 백인이든 흑인이든, 늙은이든 젊은이든, 남자든 여자든 불문하고 사랑하는 것입니다. 새 계명은 모든 장벽을 넘어서 사랑하라는 것입니다.

사랑이라고 다 같은 사랑이 아닙니다. 우리가 하는 사랑과 하나님이 하시는 사랑은 차원이 다릅니다. 예수님은 우리 기준이 아닌, 주님의 기준으로 사랑하라고 새 계명을 주셨습니다. 예수님이 우리를 사랑하신 것같이, 우리도 서로 사랑하라는 것이 새 계명입니다.

둘째, 사랑의 한계입니다. 구약의 사랑은 용서와 더불어 채찍과 징계라는 한계가 있었습니다. 그러나 예수님이 말씀하신 사랑에는 한계가 없습니다. 원수를 사랑하고, 원수를 위해 목숨까지도 버릴 줄 아는 사랑이기 때문입니다.

베드로는 예수님께 죄의 용서를 일곱 번까지 해야 하느냐고 물었습니다. 베드로의 용서는 일곱 번이 최대치였던 것입니다. 그런데 예수님은 일곱 번씩 일흔 번이라도 용서하라고 말씀하십니다. 용서에는 한계가 없다는 뜻입니다. 우리 정서로는 삼세번입니다. 그다음엔 흔히 "국물도 없다"고 말하곤 합니다. 예수님의 개념과는 사뭇 다릅니다.

셋째, 사랑의 방법입니다. 구약에서의 방법은 율법과 명령입니다. 율법에 어긋나고, 명령을 위반하는 것이면 죄가 됩니다. 그러나 예수님의 사랑은 의무적이거나 율법적이지 않습니다. 예수님의 사랑법은 먼저 본을 보이시는 것입니다. 예를 들어, 바닥에 휴지가 떨어져 있을 때, 주우라고 명령하는 대신에 솔선수범하여 줍는 것이 예수님의 방법입니다.

우리 사랑은 '손가락 사랑'입니다. "이거 해라, 저거 해라" 하면서 손가락으로 지시하는 사랑을 합니다. 그리고 '립 서비스 사랑'도 많이 합니다. 자기 기도에 스스로 속아 넘어가는 사람도 있습니다. 현란한 기도를 드리고 나서는 그게 자신인 양 착각합니다. 그러나 사랑은 그런 것이 아닙니다.

예수님의 사랑법은 구약의 율법적 사랑과는 전혀 다릅니다. 사도 바울은 예수님의 사랑법을 이렇게 설명합니다.

그러나 우리가 아직 죄인이었을 때 그리스도께서 우리를 위해 죽으심으로 하나님께서는 우리에 대한 그분의 사랑을 나타내셨습니다 (롬 5:8).

예수님의 사랑은 한마디로 십자가입니다. 십자가 사랑은 조건 없이 희생하는 영원한 사랑입니다. 우리가 경험해 본 적도, 가져 본 적도 없는 사랑을 예수님이 십자가에서 보여 주셨습니다.

예수님의 사랑은 그 이름만 불러도, 겉모습만 봐도, 냄새만 맡아도 충격을 받을 정도로 강렬합니다. 우리가 하는 사랑을 촛불에 비교한다면, 예수님의 사랑은 태양이라고 할 수 있습니다. 우리 중에 누가 태양과 비교될 수 있겠습니까? 김일성과 김정일이 어떻게 민족의 태양이 될 수 있습니까? 태양은 하나님께만 어울리는 표현입니다.

예수님이 주시는 새 계명의 독특성은 주님이 친히 본을 보여 주셨다는 점과 성령이 사랑을 부어 주신다는 점입니다. 성경은 "하나님께서 우리에게 주신 성령으로 인해 그분의 사랑을 우리 마음에 부어"(롬 5:5) 주셨다고 말합니다.

사랑을 행하는 자가 제자다

성령님이 사랑을 부어 주십니다. 여름에 강한 소낙비가 내리듯, 우리 마음에 성령으로 사랑의 소낙비가 강하게 임하기를 축원합니다. 예수님의 사랑과 우리 사랑은 그 대상이나 한계나 방법 면에서 차원이 다릅니다.

우리가 예수님이 주신 새 계명을 지킬 방법은 두 가지밖에 없습니다. 하나는 예수 그리스도를 간절히 바라는 것입니다. 또 하나는 성령 세례를 받는 것입니다. 사랑, 봉사, 헌금, 전도 등은 모두 성령으로 하는 것입니다. 인간의 사랑은 "가는 말이 고와야 오는 말이 곱다"는 식의 주고받는(give and take) 조건적인 사랑일 뿐입니다.

사도 바울은 예수님의 사랑과 관련하여 새로운 고백을 들려줍니다.

> 그러므로 믿음 소망 사랑, 이 세 가지는 언제까지나 남아 있을 것인데 이 가운데 가장 위대한 것은 사랑입니다(고전 13:13).

다른 말은 모두 잊어도 괜찮지만, "서로 사랑하라"는 말씀만은 절대로 잊어선 안 됩니다. 무슨 일이든지, 어디서든지, 누구를 만나든지 "서로 사랑하라"는 말을 반드시 기억하십시오.

> 너희가 서로 사랑하면 이로써 모든 사람들이 너희가 내 제자임을 알게 될 것이다(요 13:35).

그래야만 우리가 예수님의 제자인 줄 세상이 알게 될 것입니다.

여기서 그리스도인과 제자의 차이점을 발견합니다. 그리스도인은 예수님을 믿고 세례를 받아 하나님의 자녀가 된 사람입니다.

예수님께 제자란 제자 훈련을 받은 사람이 아니라 예수님이 사랑하신 것같이 서로 사랑하는 사람을 의미합니다. 일정한 단계를 거쳐야만 예수님의 제자가 되는 것이 아니라는 뜻입니다. 용서하지 못하고 사랑하지 못한다면, 어떤 봉사를 해도 소용이 없습니다. 교회에서 봉사하면서 상처를 받았다 안 받았다 말이 많고, 불평불만과 미움이 마음에 가득하다면 봉사하느니만 못합니다. 제자의 핵심은 서로 사랑하는 것입니다. 서로 사랑하는 사람들이야말로 예수님의 제자로 인정받을 것입니다.

자신이 예수님의 제자임을 확인하고 증명하는 것은 예수님에 대한 믿음을 고백하고, 세례 받는 데 있지 않습니다. 서로 사랑하고, 용서하며 하나가 되는 것에서 참 제자임을 알게 됩니다. 자칭 예수님의 제자라고 말하면서 서로 싸우고 분열하고 미워한다면, 그리스도인은 맞을지 몰라도 주님의 제자가 되지는 못한 것입니다. 예수님의 제자임을 자신 있게 밝히려면, 서로 사랑하고 용서함으로써 하나가 되는 것뿐입니다.

너희가 서로 사랑하면 이로써 모든 사람들이 너희가 내 제자임을 알게 될 것이다(요 13:35).

예수님이 최후의 만찬에서 주셨던 메시지는 서로 사랑하고 섬기며, 서로 존경하고 격려하라는 것입니다. 제자 훈련을 받지 않았더라도 사랑과 용서, 봉사와 헌신, 섬김이 있다면 예수님의 제자임을 알 수 있습니다.

자동차 뒤에 물고기 스티커를 붙이고 다니는 사람이 많습니다. 그런데 교통 법규를 지키지 않고, 과속하거나 끼어들기를 일삼는다면, 아무에게나 삿대질하며 고함을 지른다면, 부끄럽지 않겠습니까? 그럴 때일수록 물고기 스티커가 더욱 반짝거려 사람들 눈에 띄지 않겠습니까?

교회의 본질은 서로 사랑하는 데 있습니다. 아무리 힘들고 어렵더라도 예수님이 주신 새 계명을 기억하고, 그 계명을 삶에 그대로 적용할 때, 이 땅에서 주님의 사랑을 실천하는 참 제자가 될 것입니다.

6

왜 지금은
주님을 따라갈 수 없습니까?

요한복음 13:36-38

예수님을 따르는 네 가지 방법

예수님을 좇아 살아가는 것을 "제자의 길을 간다"고 표현합니다. 그 길을 가고자 하는 사람이 꼭 기억해야 할 말씀이 있습니다.

> 그때에 예수께서 제자들에게 말씀하셨습니다. "누구든지 나를 따르려거든 자기를 부인하고 자기 십자가를 지고 따라야 한다"(마 16:24).

예수님이 말씀하신 제자도의 핵심은 이것입니다.

첫째, 자신을 부인해야 합니다. 자아가 살아 있는 상태에서는 주님을 따를 수 없습니다. 주님을 따르고자 할 때마다 걸림돌이 되는 것은 자기 생각, 자기 가치관, 자기 습관, 자기 문화 등입니다.

둘째, 자기 십자가를 져야 합니다. 예수님은 온 인류의 죗값을 대신 치르기 위해 십자가를 지셨습니다. 겟세마네 동산에서 십자가를 지는 일만은 피하게 해 달라고 기도하셨는데, 그만큼 고통스러운 일이었기 때문입니다. 그러나 예수님은 하나님 아버지의 뜻에 순종하여 무거운 십자가를 짊어지셨습니다. 그 덕분에 온 인류가 그분을 믿고 구원받을 수 있게 되었습니다.

마찬가지로 예수님을 따르는 우리에게도 각자 짊어져야 할 십자가가 있습니다. 그것이 사람에 따라 가정일 수도 있고, 자녀일 수도 있고, 친구나 동료일 수도 있습니다. 아마도 가장 큰 십자가는 바로 자기 자신일 것입니다.

셋째, 부모나 처자나 형제자매나 자기 목숨까지도 미워할 만큼 주님을 사랑해야 합니다. 예수님은 "누구든지 내게 오면서 자기 부모와 아내와 자식과 형제 혹은 자매와 자기 생명일지라도 나보다 더 사랑하면 내 제자가 될 수 없다"(눅 14:26)고 말씀하셨습니다. 사랑은 절대 가치입니다. 부모, 처자, 형제자매가 가치 없다는 말이 아니라 주님이 더욱 귀하신 분이기에 그들보다 주님을 더욱 사랑할 때 제자가 될 수 있습니다.

넷째, 모든 소유를 버려야 합니다. 예수님은 "너희 가운데 누구든지 자기 소유를 다 포기하지 않으면 내 제자가 될 수 없다"(눅 14:33)고 말씀하셨습니다. 소유란 물질을 가리키는데, 우리가 물질을 얻을 수 있는 방법은 사업을 하거나 직업을 갖는 것입니다. 물질을 안겨다 주는 사업이나 직업도 초개처럼 버리지 않는다면, 예수님의 제자가 될 수 없습니다.

지금까지 살펴본 네 가지 핵심 사항의 공통점은 우리가 감당하기엔 벅찬 것들이라는 사실입니다. 요한복음을 보면, 예수님이 제자가 되는 방법에 관해 세 가지를 말씀해 주셨습니다.

첫째, "만일 너희가 내 말대로 산다면 너희는 참으로 내 제자들이다. 그리고 너희는 진리를 알게 될 것이며 진리가 너희를 자유롭게 할 것이다"(요 8:31-32).

둘째, "너희가 서로 사랑하면 이로써 모든 사람들이 너희가 내 제자임을 알게 될 것이다"(요 13:35).

셋째, "너희가 열매를 많이 맺으면 내 제자가 되고 이것으로 아버지께서 영광을 받으실 것이다"(요 15:8).

예수님의 제자가 되는 것은 멋있고 좋은데, 막상 예수님을 따라 제자의 길을 가려니 굉장히 어렵게만 느껴집니다.

예수님의 말씀을 이해하지 못한 베드로가 예수님께 묻습니다.

> 시몬 베드로가 예수께 물었습니다. "주여, 어디로 가십니까?" 예수께서 대답하셨습니다. "내가 가는 곳으로 네가 지금은 올 수 없지만 나중에는 오게 될 것이다"(요 13:36).

베드로는 마가의 다락방에서 최후의 만찬을 가질 때부터 예수님의 언행이 좀 이상하다고 느꼈을 것입니다. 3년 동안 뵙던 일상적인 모습과는 다른 모습을 보이시기 때문입니다. 예수님이 느닷없이 자기 발을 씻겨 주시고, 빵과 포도주를 나눠 주시며 그분의 살과 피라고 말씀하시니 이상하지 않겠습니까? 예수님이 친히 자기 죽음을 예고하고 계심을 짐작이나 했겠습니까?

베드로는 아무리 생각해도 예수님의 말씀이 알쏭달쏭합니다. 예수님이 하시는 말씀과 행동이 모두 마음에 걸립니다. 그래서 자기 성격대로 용기를 내어 "혹시 어디 가시기라도 합니까?"라고 물은 것입니다.

어리둥절해하는 베드로의 모습에서 우리는 두 가지를 배웁니다.

첫째, 우리도 베드로와 같은 인간이라는 점입니다. 우리는 예수님을 잘 믿다가도 어느 시점에서 자신도 감당할 수 없는 회의에 빠지곤 합니다. 이성적인 상식과 일상적인 경험 속에서 교회에 나와 찬송하고 헌금도 하며 봉사합니다. 그러다가 영적인 순간에 맞닥뜨리면 모든 것이 혼란스러워집니다. 교회에 나가서 하는 일들이 옳은 것인지 틀린 것인지 갈등합니다. 베드로는 예수님을 3년이나 따라다녔지만, 막판에 혼란을 겪었습니다.

둘째, 베드로는 혼란을 겪으면서도 여전히 예수님을 사랑했습니다. 그는 결코 예수님을 떠나거나 의심하지 않았습니다. 다만 주님이 어디로 가시기에 이상한 말씀을 하시는지 궁금했을 뿐입니다.

예수님은 그의 물음에 예언 같은 말씀을 들려주십니다. 우리는 하나님의 말씀을 읽고 들을 때, 예언의 말씀이 포함되어 있음을 알아야 합니다. 지금 당장은 이해되지 않고 해석되지 않는 말씀도 세월이 흐른 뒤에는 이해되고 깨닫게 될 것입니다.

예수님은 베드로에게 "내가 가는 곳으로 네가 지금은 올 수 없지만 나중에는 오게 될 것"이라고 말씀하십니다. 이 대화가 끝나면, 예수님은 십자가를 지러 가실 것입니다. 베드로는 그 십자가의 길을 당장은 따를 수 없으리라는 말씀입니다. 그러나 예수님이 십자가에서 죽으시고 부활하여 승천하신 뒤에는 성령이 오심으로써 베드로가 모든 것을 깨닫고 예수님이 가신 길을 능히 따라갈 수 있을 것입니다.

지금은 따라갈 수 없는 그곳

보통 사람들은 예수님의 말씀을 이해하기가 쉽지 않습니다. 그러나 성경을 읽다가 이해할 수 없는 부분이 나오더라도 순수한 마음으로 믿어야 합니다. 이해되지 않는다고 해서 성경 말씀이 틀린 것은 아니기 때문입니다. 하나님의 말씀은 예언적인 성격을 지니고 있으므로 당장은 이해되지 않을 수 있습니다.

베드로는 혼란스러운 가운데 예수님의 말씀을 듣고 약이 올랐던 모양입니다. "지금은" 주님을 따라갈 수 없다니 무슨 말인지 도통 이해되지 않습니다.

베드로가 물었습니다. "주여, 어째서 제가 지금은 주님을 따라갈 수 없습니까? 주를 위해서라면 제 목숨도 바치겠습니다"(요 13:37).

역시 베드로다운 말입니다. 예수님이 발을 씻기시려 하자 자기 발만은 절대로 씻길 수 없다고 만류했다가 예수님이 "내가 너를 씻겨 주지 않으면 너는 나와 아무 상관이 없다"(요 13:8)고 말씀하시자 언제 그랬느냐는 듯이 "발뿐 아니라 손과 머리도" 씻겨 달라고 조르던 사람이 베드로입니다. 이번에는 예수님이 가시는 곳을 자기도 따라가면 안 되느냐며 목숨을 바쳐서라도 주님을 따르겠다고 말합니다.

그의 말에서 몇 가지 사실을 발견합니다. 첫째, 그는 영적으로 잘못된 판단을 하고 있습니다. 자기 자신에 관해 전혀 알지 못한 채로 말하고 있습니다. 그는 자기 생각과 자기 감정과 자기 결정이 중요하다고 생각한 것입니다.

우리도 그렇습니다. 우리가 기도하면 당장 이뤄질 줄로 착각합니다. 원수를 사랑할 수 있도록 해 달라고 기도할 때는 진짜로 사랑하게 된 것 같은 기분이 듭니다. 그런데 기도를 마치고 눈을 떠 보면 그게 아닌 것입니다. 그 기도는 지금 이루어지는 것이 아니라 장차 이루어질 것입니다.

또 우리는 자신이 드리는 열정과 헌신을 자기 것으로 여기기도 합니다. "주님, 목숨까지 바쳐 따르겠습니다"라는 말은 베드로의 진심이었을 것입니다. 그러나 실제로는 그러지 못했습니다. 이것이 인간입니다. 자기 자신을 냉정하게 돌아보면, 자신이 얼마나 이율배반적인지를 알 수 있을 것입니다.

둘째, 베드로는 육신의 말을 하고 있습니다. 주님을 위해 목숨을 바치겠다는 그의 각오는 거짓이 아니었습니다. 그러나 육신의 생각에 따라 고백한 것뿐입니다.

성경을 깊이 읽다 보면, 육신의 생각과 영의 생각이 따로 있음을 깨닫습니다. 예수님은 영으로 말씀하시고, 베드로는 육으로 이해합니다. 예수님이 거듭나야 한다고 말씀하실 때, 니고데모는 육신의 생각으로 "나이가 들어 늙은 사람이 어떻게 다시 태어나겠습니까? 태어나려고 어머니의 뱃속으로 다시 들어갈 수 없지 않습니까?"(요 3:4)라고 물었습니다.

예수님은 언제나 영으로 말씀하시고, 제자들은 언제나 육으로 받아들였습니다. 영의 말씀을 영으로 받아들이면 갈등이 없는데, 육으로 받아들이면 서로 부딪칩니다. 예수님은 "생명을 주는 것은 영이므로 육신은 아무 소용이 없다"고 말씀하시며 "내가 너희에게 한 말은 영이요, 생명"(요 6:63)이라고 하셨습니다.

우리는 육신을 갖고 있습니다. 육신은 본능적인 욕구에 충실합니다. 때리면 아픔을 느끼고, 병에 들기도 합니다. 우리는 육신에 익숙하고, 날마다 육신을 가꿉니다. 요즘 웰빙(Well being)을 추구하는 사람이 많아져서 삶의 질을 중요하게 여기는 추세입니다. 그런데 웰빙이 중시하는 것들을 살펴보면, 온통 육에 관한 것뿐임을 알게 됩니다.

사도 바울은 영과 육에 관해 이렇게 말합니다.

육신을 따라 사는 사람은 육신의 일을 생각하지만 성령을 따라 사는 사람은 성령의 일을 생각합니다. 육신의 생각은 죽음이지만 성령의 생각은 생명과 평안입니다. 육신의 생각은 하나님을 적대하는 것입니다. 그것은 하나님의 법에 복종하지 않을 뿐더러 복종할 수도 없습니다. 육신 안에 사는 사람들은 하나님을 기쁘시게 할 수 없습니다. 그러나 하나님의 영이 여러분 안에 거하시면 여러분은 육신에 있지 않고 성령 안에 있습니다. 누구든지 그리스도의 영이 없으면 그리스도의 사람이 아닙니다(롬 8:5-9).

우리는 단순히 서로 용납하고 사랑하며 살아야 한다는 수준을 넘어서 원수까지도 사랑하는 단계에 들어가야 합니다. 만약 계속 육에 사로잡혀 있다면, 그런 단계로는 진입할 수가 없습니다. 하지만 영에 사로잡혀 있는 사람은 육의 한계를 뛰어넘어 하나님을 기쁘시게 할 수 있습니다. 원수까지 사랑하는 일도 어렵지 않게 됩니다. 그러므로 주님을 따르는 제자가 되는 것이 어렵지 않습니다.

그러자 예수께서 대답하셨습니다. "네가 정말 나를 위해 네 목숨이라도 바치겠느냐? 내가 진실로 진실로 네게 말한다. 닭이 울기 전에 네가 나를 세 번 부인할 것이다"(요 13:38).

베드로가 목숨을 바치고서라도 주님을 따르겠다고 하자 예수님은 과연 그럴 수 있겠느냐며 반문하십니다. 베드로가 아무리 강한

의지로 갖은 애를 다 쓴다고 해도 육으로는 주님을 따를 수 없음을
잘 알고 계시기 때문입니다.

살리는 것은 영이다

베드로의 호기로운 다짐에 예수님은 찬물을 끼얹듯 "닭이 울기 전
에 네가 나를 세 번 부인할 것이다"라고 말씀하십니다. 목숨을 바
치는 것은 고사하고, 도망이나 가지 말라고 핀잔주신 걸까요?

인간의 의지와 결단과 생각과 경험은 소중합니다. 그러나 그것
만으로는 얼마 나아가지 못합니다. 어느 정도까지는 자존심과 자
기 의지로 밀고 나갈 수 있지만, 얼마 못 가서 한계에 부딪히게 마
련입니다. 그러나 그리스도의 영이 있으면 얼마든지 나아갈 수 있
습니다.

그리스도의 영이 없으면, 그리스도의 사람이라고 할 수 없습니
다. 우리는 종교적인 차원을 넘어 예수 그리스도께서 말씀하신 영
적 세계로 들어가 그 영적 원리를 이해하고 직접 경험해야 합니다.
육으로 하는 기도와 영으로 드리는 기도가 다르듯이 봉사도 육으
로 하는 것과 영으로 하는 것이 다릅니다.

베드로는 3년 동안 예수님을 따라다녔지만, 주님에 관해 전혀
모르고 있었습니다. 그는 예수님을 세 번이나 부인하고, 부활하신
주님을 만나고도 그물을 들고 바다로 나가 고기를 잡을 것입니다.

이것이 육의 인간이고, 하나님 말씀을 실천할 수 있는 능력이 없는 존재입니다.

우리가 육의 본능을 이기고, 영의 옷으로 갈아입는 데는 두 가지 법칙이 필요합니다. 하나는 십자가의 법칙이고, 다른 하나는 성령의 법칙입니다. 이에 관한 말씀은 성경 곳곳에 기록되어 있습니다.

십자가의 법칙이란 예수님이 십자가에 못 박혀 죽으시고, 부활하셨다는 사실을 믿는 것입니다. 사도 바울의 고백을 들어보십시오.

> 나는 그리스도와 함께 십자가에 못 박혔습니다. 그러므로 이제 더 이상 내가 사는 것이 아니라 내 안에 그리스도께서 사시는 것입니다. 지금 내가 육체 안에 사는 것은 나를 사랑하셔서 나를 위해 자신의 몸을 내 주신 하나님의 아들을 믿는 믿음으로 사는 것입니다 (갈 2:20).

옛사람이 십자가에 못 박히지 않으면, 어떤 방법으로도 영의 세계로 들어갈 수 없습니다. 성경은 그리스도 예수께 속한 사람들은 "육체와 함께 그 정욕과 욕망을 십자가에"(갈 5:24) 못 박았다고 말합니다. 십자가에 못 박는다는 것은 육의 본능을 죽인다는 뜻입니다.

그다음으로 성령의 법칙이란 그리스도 예수 안에 있는 사람들은 정죄를 받지 않는다는 것입니다. 왜냐하면 그리스도 예수 안에 있는 생명의 성령의 법이 죄와 죽음의 법에서 우리를 해방했기 때문입니다(롬 8-2).

예수님이 부활하신 후에 주신 첫 메시지가 "성령을 받으라"(요 20:22)입니다. 성령을 받아야만 모든 일을 능히 해낼 수 있기 때문입니다. 전도해야겠다는 마음이 생기는 것조차도 성령의 역사입니다.

제자도는 자신을 십자가에 못 박고, 생명의 성령의 법이 자신 안에 있게 되면 완성됩니다. 말씀이 이해되고, 주 안에서 즐거워하며 좋아 어쩔 줄 모르는 기적의 삶이 시작되는 것입니다.

베드로는 이 사실을 오순절에 성령이 강림하시고서야 깨닫게 될 것입니다. 목숨을 바쳐 예수님을 따르겠다고 호언장담하지만, 세 번이나 주님을 부인하게 될 그는 장차 초대교회의 리더가 되어 주님을 위해 평생 사역하다가 주님을 위해 순교하게 될 것입니다.

영의 사람만이 제자 됨의 축복을 감당할 수 있습니다. 성령의 도우심으로 제자의 길을 가게 되기를 축원합니다.

2부

생명의 길 위에서 찾는 기쁨

요한복음 14:1 - 31

예수님은 "나는 길이다"라고 선언하십니다.
길은 화해를 의미합니다. 길은 목표가 아니라 과정입니다.
따라서 길은 목표에 이르는 수단과 방법이 됩니다.
예수님은 "나는 진리다"라고 말씀하십니다.
길을 가려면 조명이 필요합니다.
길이라고 다 길이 아니므로 바른길,
지름길, 안전한 길을 선택해야 합니다.

7

너희는 마음에
근심하지 말라

요한복음 14:1-4

예수님의 말씀에 근심하다

마가의 다락방에서 예수님이 제자들에게 들려주시는 말씀을 다락방 강화(요 14-16장)라고 합니다. 이 말씀은 성경 전체에서도 핵심이 되며 산상수훈(마 5-7장)과 쌍벽을 이룹니다.

산상수훈은 예수님이 3년의 공생애를 시작하면서 하신 설교이고, 다락방 강화는 십자가를 지기 직전에 하신 설교로 공생애 마지막 설교입니다. 산상수훈이 대중에게 공개적으로 하신 설교라면, 다락방 강화는 선택된 소수의 사람에게만 비공개적으로 하신 설교입니다. 예수님이 산상수훈에서 삶의 본질과 원리를 보여 주셨다면, 다락방 강화에서는 죽음 후에 부활하실 것과 성령의 임재를 미리 알려 주시며 우리 삶에 관한 내면적 깊이를 보여 주십니다.

산상수훈과 다락방 강화를 함께 읽는다면, 예수님의 삶의 원리와 본질을 한눈에 볼 수 있을 것입니다. 특히 어려움에 처했을 때 읽으면 더욱 좋을 것입니다.

산상수훈은 "복되도다! 마음이 가난한 사람들이여, 하늘나라가 그들의 것이다"(마 5:3)라는 말씀으로 시작합니다. 그에 비해 다락방 강화는 "너희는 마음에 근심하지 말라. 하나님을 믿고 또 나를 믿으라"(요 14:1)로 시작하는데, 십자가의 죽음을 앞두고 하시는 말씀입니다.

죽음을 앞두고 하신 말씀인 만큼 오늘날 우리에게 더욱 필요한 말씀이 아닌가 싶습니다. 왜냐하면 우리 삶에 걱정거리가 너무나도 많기 때문입니다. 하나님을 잘 믿는 척하곤 있지만 마음속에는 근심, 걱정, 염려가 한가득인 채로 살아가는 것이 현실입니다.

> 너희는 마음에 근심하지 말라. 하나님을 믿고 또 나를 믿으라
> (요 14:1).

예수님이 "너희는 마음에 근심하지 말라"는 메시지를 주신 이유는 크게 세 가지로 요약할 수 있습니다. 첫째, 제자들이 예수님의 돌발적인 행동과 이해할 수 없는 말씀들로 근심하기 시작했기 때문입니다. 다락방 강화를 전하기 전에 예수님은 제자들의 발을 씻기시고, 빵과 포도주를 나눠 주시며 "내 몸"이요 "내 피로 세우는 새 언약"이니 "기념하라"고 말씀하셨습니다(눅 22:19-20). 또한 "자신이 어떤 죽임을 당할 것인지"(요 12:33) 암시하기도 하셨습니다.

둘째, 제자들과 함께 식사하던 중에 예수님이 "너희 중 하나가 나를 배반할 것"(요 13:21)이라고 말씀하셨기 때문입니다. 가룟 유다를 두고 하신 말씀입니다. 게다가 열두 제자 중에서 가장 믿을 만하며 상징적 존재인 베드로마저 "닭이 울기 전에 네가 나를 세

번 부인할 것이다"(요 13:38)라는 말씀을 들었습니다. 그러니 다락방의 분위기가 썰렁해졌고, 사람들의 마음은 어두워질 수밖에 없었을 것입니다.

셋째, 예수님 자신이 십자가의 죽음을 앞두고 근심하셨기 때문입니다. 주님은 곧 하나님 아버지의 뜻대로 십자가를 지실 텐데, 3년 동안 주님을 따랐던 제자들은 무슨 일이 일어날지 모른 채로 엉뚱한 소리만 하고 있었습니다. 예수님도 그런 제자들을 두고 떠나기가 쉽지 않으셨을 것입니다.

어쩌면 우리가 열두 제자들보다도 예수님의 말씀의 의미를 더 쉽게 이해하는지도 모릅니다. 그럴 수 있는 것은 성령님의 임재 덕분입니다. 성령님이 밝히 가르쳐 주시지 않는다면, 우리는 복음의 진리를 깨닫지 못할 것입니다.

근심은 허상에 대한 집착이다

사람을 죽이고 파멸시키는 가장 무서운 요인은 암이 아니라 마음의 근심입니다. 인생을 살면서 가장 경계해야 할 것은 걱정, 불안, 염려, 의심 등의 마음 상태입니다. 암이나 에이즈나 사스는 사람의 육체를 파괴하지만, 근심하는 마음은 우리 영혼을 파괴합니다. 마음에 근심이 없어야 하나님이 주신 축복을 무한대로 누릴 수 있습니다.

예를 들어, 어떤 때에 근심하게 됩니까? 육체의 질병이 찾아오면 근심하게 됩니다. 회사에서 쫓겨나거나 사업장이 부도나게 생겼을 때, 걱정하게 됩니다. 또는 시편 말씀처럼 은밀하고 감당할 수 없는 죄를 지었을 때, 그 죄의 무게에 눌려 "밤낮으로 주의 손이 나를 짓누르시니 한여름 뙤약볕에 있던 것처럼 내 원기가 다 빠져 버렸습니다"(시 32:4)라는 고백을 하게 됩니다. 죄책감으로 인해 영적 근심을 하게 되는 것입니다.

그러나 우리는 마음으로 근심하지 말아야 합니다. 그 이유는 무엇입니까? 첫째, 근심에 빠지면 하나님이 보이지 않기 때문입니다. 하나님이 계시지 않아서 보이지 않는 게 아니라 마음에 근심이 가득하여 주님을 볼 수가 없는 것입니다. 지하실에 갇히면 해가 중천에 떠 있어도 빛을 볼 수가 없듯이, 근심에 사로잡히면 하나님의 존재와 능력을 느끼지 못하게 됩니다.

둘째, 근심하는 마음이 미래의 문을 닫아 버리기 때문입니다. 인생에 파멸의 그림자가 다가오는 까닭은 환경이 나빠서가 아니라 우리 안에 근심하는 마음이 있기 때문입니다. 희망을 발견하지 못해 모든 것을 포기하고 싶어집니다. 근심이 유발하는 최대 문제는 미래의 문이 닫힌다는 데 있습니다.

셋째, 근심하는 마음은 최악의 상태를 상상하게끔 하기 때문입니다. 좋은 것을 생각지 않고 항상 부정적이고 절망적이며 파괴적인 것을 생각하게끔 만듭니다. 미래는 믿음 있는 자의 것입니다.

믿음 없는 자에게 미래는 불행뿐입니다.

넷째, 근심하는 마음은 우리를 죽음으로 몰아가기 때문입니다. 최악의 상태에 골몰해 있다가 스스로 극단적인 선택을 하는 사람이 많습니다. 근심하면 열린 문도 보이지 않습니다. 결국 인생을 포기하고 싶은 충동에 빠지기 쉽습니다.

근심하는 마음을 경계하려면, 근심에 관한 몇 가지 상식을 알아야만 합니다.

첫째, 근심은 근심일 뿐 사실이 아니라는 것입니다. 근심은 인간이 만들어 내는 하나의 허상일 뿐입니다. 근심하던 것이 실제 상황으로 연결되는 것은 극히 일부에 지나지 않으며, 대부분은 망상에 불과합니다. 아브라함이 믿음을 잃고 이집트로 피신해 갑니다. 그 와중에 다른 남자들이 자기 아내가 매우 예쁜 것을 알고 탐을 내어 빼앗아 갈까 봐 걱정하게 됩니다. 아브라함은 궁리 끝에 그럴 듯한 거짓말을 생각해 내고는 누가 물으면 누이라고 소개하기로 합니다. 이렇듯 망상에서 출발한 근심을 점점 키우면, 최악의 시나리오를 쓰게 되고, 현실에서 구체화하기까지 됩니다. 그러나 그것은 사실이 아니라 상상일 뿐입니다.

둘째, 근심하는 일은 사실이 아니므로 언제든지 피할 수 있다는 점입니다. 하나님을 향한 믿음이 굳건하다면 근심은 안개처럼 사라지게 될 것입니다. 근심을 무시하고 거절하십시오. 근심을 받아들이지 말고, 적극적으로 생각을 바꾸어 부정해야 합니다. 그러면 허상은 사라지고 실상이 나타날 것입니다.

셋째, 근심하는 마음의 배후에는 마귀의 세력이 있다는 점을 인식해야 합니다. 근심의 배후에는 거짓의 영인 사탄이 있습니다. 염려하게 하는 귀신이 들면, 걷잡을 수 없이 불안해지고 남을 의심하게 됩니다. 그러므로 근심과 의심을 안기는 어둠의 더러운 세력을 대적하십시오. 마음에 평강을 얻을 수 있을 것입니다. 우리는 사탄에 대적해야 합니다.

예수님은 십자가의 죽음을 앞두고 제자들에게 마음에 근심하지 말아야 하는 이유를 세 가지로 말씀해 주셨습니다. 첫째, 우리에게는 하나님이 계시기 때문입니다. 하나님은 결코 죽지 않으시고, 죽으실 수도 없는 분입니다. 어떻게 하나님이 죽으실 수 있겠습니까? 만약 하나님이 죽으신다면 이미 하나님이 아닌 것이 됩니다.

태양은 우리 믿음과 상관없이 하늘에 항상 떠 있습니다. 우리가 믿는다고 해서 태양이 더 반짝이거나 믿지 않는다고 해서 태양이 사라지는 것은 아닙니다. 태양의 존재를 믿거나 믿지 않는 것은 개인의 문제일 뿐 태양의 문제가 아닙니다. 그와 마찬가지로 사람들의 믿음에 상관없이 하나님은 항상 살아 계십니다.

마귀는 우리에게 하나님이 없다고 말합니다. 하나님이 없다고 주장하던 사람이 누군가 자기 뒤에서 자꾸 그 말을 속삭여 주더라고 고백한 일도 있습니다. 에덴동산에서 아담과 이브에게 선악과를 따 먹으라고 속삭였던 마귀가 우리에게 계속해서 거짓을 속삭입니다.

안경이나 시계의 경우를 생각해 보십시오. 그 안경을 만든 사람이 있고, 시계를 만든 사람이 있을 것입니다. 자기 시력에 맞는 안경을 써 본 사람은 안경이 어떤 목적으로 만들어졌는지를 압니다. 시계도 마찬가지입니다. 시계는 시간을 정확히 알기 위해 만들어졌습니다. 사람이 존재하는 이유는 우리를 지으신 하나님께 있습니다. 하나님이 우리를 창조하신 목적이 있습니다. 여기에 인생의 참 의미가 있습니다.

성경은 절대로 하나님의 존재에 관해 논하지 않습니다. 창세기 1장 1절은 "하나님께서 태초에 하늘과 땅을 창조하셨습니다"라는 말로 하나님의 창조 사역을 말할 뿐, 하나님의 존재에 관해서는 말하지 않습니다. 하나님은 이미 존재하시는 분이기 때문입니다.

성경은 어리석은 사람은 그 마음속으로 "하나님이 없다"(시 14:1)고 말한다고 지적합니다. 태양의 유무를 논쟁할 필요가 없는 이유는 우리 눈으로 햇빛을 보기 때문입니다. 우리는 만물을 통해 하나님이 계심을 알 수 있습니다.

그러므로 살아 계신 하나님을 믿음으로써 마음에 근심하지 말아야 합니다. 예수님은 "하나님을 믿고 또 나를 믿으라"(요 14:1)고 말씀하십니다. 예수 그리스도께서는 하나님의 아들이시며 길이요 진리요 참 생명 되십니다. 예수님을 믿으면 근심하는 마음이 사라질 것입니다.

우리에게는 천국이 있다

마음에 근심하지 말아야 하는 두 번째 이유는 우리에게 천국이 있기 때문입니다. 분명 천국은 있습니다. 만약 이것이 가공된 이야기라면 천국이라는 단어조차 생겨나지 않았을 것입니다. 인간은 처음부터 없는 것을 상상해 내지 못하는 존재입니다. 인간이 사용하는 단어가 있다는 것은 보이든 보이지 않든 실체가 있음을 방증합니다.

우리는 마음에 천국을 건설해야 합니다. 근심이나 의심이나 불안이 비집고 들어올 수 없도록 믿음으로 무장해야 합니다. 세상의 삶으로 인생이 끝이라면 염려하고 근심할 수밖에 없겠지만, 인생은 죽음으로 끝나지 않습니다. 죽음은 영원을 여는 문에 불과합니다. 그러니 죽음을 거부할 이유가 없습니다. 성도에게 죽음은 선물이 됩니다. 곧 부활의 몸으로 주님께 가게 될 것이기 때문입니다.

무신론자의 최대 고민은 죽은 후에 어디로 가느냐의 문제입니다. 불교에서 말하는 것처럼 윤회하게 될지 아니면 귀신이 되어 떠돌아다니게 될지 알 수 없기 때문입니다. 그러나 예수 그리스도를 믿는 사람들은 평안합니다. 왜냐하면 죽은 후에 천국으로 갈 것을 알기 때문입니다. 죽음을 두려워하거나 죽음 때문에 방황하지 마십시오. 사업 실패가 인생의 실패를 의미하지 않듯이, 육신의 병이 인생의 병듦을 의미하지 않습니다. 절대로.

천국은 하나님이 통치하시는 곳입니다. 그래서 부족함이 없습니다. 그곳에는 죽음이나 눈물이나 슬픔이나 애통이나 질병이 전혀 없습니다.

죽음 후에는 하나님의 심판이 기다리고 있습니다. 성경은 "한 번 죽는 것은 사람들에게 정해진 일이며 그 후에는 심판이"(히 9:27) 있다고 말합니다. 또 "하나님께서 세상을 이처럼 사랑하셔서 외아들을 주셨으니 이는 그를 믿는 사람마다 멸망하지 않고 영생을 얻게 하려는 것"(요 3:16)이라고 말합니다. 예수님은 마르다에게 "나는 부활이요, 생명이니 나를 믿는 사람은 죽어도 살겠고 살아서 나를 믿는 사람은 영원히 죽지 않을 것이다. 네가 이것을 믿느냐?"(요 11:25-26)라고 묻기도 하셨습니다.

죽음 이후에 관한 말씀들을 정리해 두었다가 아침마다 읽는다면 근심하는 마음이 사라질 것입니다. 살아 계신 하나님을 믿는 우리는 근심할 필요가 없습니다. 천국이 있으니 죽음 이후를 걱정할 필요가 없습니다.

> 내 아버지의 집에는 있을 곳이 많다. 그렇지 않았다면 너희에게 미리 말해 두었을 것이다. 나는 너희가 있을 곳을 마련하러 간다(요 14:2).

예수님의 이 말씀은 없는 천국을 만들러 가신다는 것이 아니라 성도들이 천국에 들어갈 수 있도록 길을 닦아 놓으신다는 뜻입니다. 예수님이 오시기 전에는 사람들이 율법으로 천국에 갔습니다.

그러나 예수 그리스도께서 이 땅에 오셔서 구원의 섭리를 완성하신 뒤에는 구세주를 믿는 믿음으로 천국에 가게 되었습니다.

> 내가 가서 너희가 있을 곳을 마련하면 다시 와서 너희를 내게로 데려갈 것이다. 그러면 너희도 내가 있는 곳에 함께 있게 될 것이다 (요 14:3).

마음에 근심하지 말아야 하는 세 번째 이유는 예수님이 천국의 처소를 마련하신 후에 다시 오셔서 우리를 천국으로 데려가겠다고 약속하셨기 때문입니다. 의심 많고 연약한 우리를 위해 천국행 만큼은 하나님이 확실하게 해결해 주신다는 것입니다.

처음 미국을 여행할 때, LA에 살고 있던 여동생에게 전화를 걸어 미국은 초행길이라 불안하니 공항으로 마중 나와 달라고 부탁했습니다. 당시 매제가 그곳에서 변호사 시험을 준비하고 있었는데, 나는 세미나에 참석한 뒤에 이스라엘 성지로 떠날 예정이었습니다.

그런데 짐을 들고 한 시간이나 기다려도 여동생이 나타나지 않고 소식도 없었습니다. 택시를 타려니 동생 집 주소도 모르지, 말도 통하지 않지, 전화 통화를 시도해도 연결이 되지 않아서 속이 탈 대로 탔습니다. 어떻게 해야 할지 몰라서 난감해하다가 어느 여행객의 차를 얻어 타고서야 겨우 시내로 들어갈 수 있었습니다. 나중에 알고 보니 교통사고가 나는 바람에 길이 막혀서 제시간에 오지 못한 것이었습니다.

만약 어떤 사람이 달랑 지도 한 장만 들고 낯선 나라를 찾아간다면 얼마나 불안하겠습니까? 혹시 그 나라 사절단이 와서 기내 동승은 물론이고, 최종 목적지까지 안내해 준다면야 모르겠지만 말입니다.

그러나 우리가 낯선 천국으로 갈 때는 예수님이 친히 인도해 주십니다. 우리 영과 육이 분리되는 순간에 천군 천사들이 와서 우리 영을 감싸고 천국으로 인도합니다. 그러므로 죽음을 두려워하며 방황하지 말고 안심하십시오. 살아 계신 하나님이 우리를 천국으로 인도해 주실 것입니다.

우리 미래는 열려 있습니다. 세상을 살면서 어떤 일을 만나더라도 두려워하지 말고, 오히려 감사하며 멋지게 사십시오. 나처럼 암에 걸렸어도 삶을 즐기며 병과 함께 사십시오. 고난을 떼어 버리는 것도 좋지만, 하나님과 함께하는 인생을 즐기며 고난과 더불어 사는 것도 좋은 방법입니다. 고난은 우리를 불행하게 만들지 못합니다.

잠시라도 눈을 돌려 주변을 살펴보십시오. 기쁘고 즐거울 만한 일이 얼마나 많습니까? 하루하루 하나님이 주시는 축복의 삶을 충분히 즐기기를 축원합니다.

8

나는 길이요
진리요 생명이다

요한복음 14:1-7

내가 가는 곳, 그 길을 알리라

예수님은 사랑하는 제자들에게 "너희는 마음에 근심하지 말라. 하나님을 믿고 또 나를 믿으라"(요 14:1)라고 말씀하십니다. 이 말씀을 하시게 된 배경은 13장에서 찾아볼 수 있습니다.

> "자녀들아, 이제 잠시 동안은 내가 너희와 함께 있을 것이다. 그러나 너희가 나를 찾을 것이다. 내가 전에 유대 사람들에게 말한 대로 너희에게도 말하는데 내가 가는 곳에 너희는 올 수 없다"(요 13:33).

그러나 베드로는 예수님의 말씀에 수긍하지 않습니다.

> 시몬 베드로가 예수께 물었습니다. "주여, 어디로 가십니까?" 예수께서 대답하셨습니다. "내가 가는 곳으로 네가 지금은 올 수 없지만 나중에는 오게 될 것이다." 베드로가 물었습니다. "주여, 어째서 제가 지금은 주님을 따라갈 수 없습니까? 주를 위해서라면 제 목숨도 바치겠습니다"(요 13:36-37).

베드로는 다른 제자들의 마음을 대변하여 말한 것입니다. 예수님의 말씀에 제자들은 불안감을 느끼고 근심하고 있었습니다. 예수님이 이를 이미 아시고 마음에 근심하지 말라고 말씀하시지 않았습니까? 그렇게 말씀하신 이유가 무엇입니까? 대답은 아주 간단합니다. 예수님은 곧 아버지의 집으로 가실 것이기 때문입니다. 예수님께 죽음은 아버지 집으로 돌아가는 것을 의미합니다.

예수님이 아버지 집으로 가신다는 것은 본래 계시던 곳으로 돌아가신다는 뜻도 있지만, 그보다 더 중요한 의미는 우리가 있을 곳을 마련하러 가신다는 데 있습니다. 예수님은 자리를 마련하고 나서 다시 오시어 친히 우리를 그곳으로 이끌어 주겠다고 약속하십니다. 그러나 예수님의 영적인 말씀을 제자들은 육적으로 듣고 전혀 이해하지 못합니다.

이번에는 현실주의자요 회의주의자인 도마가 베드로를 대신해 질문합니다.

> 도마가 예수께 물었습니다. "주여, 저희는 주께서 어디로 가시는지 알지 못하는데 그 길을 어떻게 알겠습니까?"(요 14:5).

대화를 나눌 때, 상대방이 말귀를 못 알아듣는 것 같으면 답답해집니다. 서로 뜻이 통해야 말이 될 텐데, 이런저런 방법으로 말해 주어도 통하지 않을 때가 있습니다. 예수님과 제자들의 대화가 그랬습니다. 제자들이 예수님의 말씀을 알아듣지 못하는 이유는 말씀을 자기 수준으로 이해하기 때문입니다. 이것은 아이큐(IQ)나 지식의 문제가 아닙니다.

여기서 우리는 대화의 단절에 관해 몇 가지 사실을 배울 수 있습니다. 첫째, 영적 세계와 육적 세계는 다르다는 것입니다. 우리의 일상생활은 육적이고 이성적이며 합리적인 것들로 채워져 있습니다. 그래서 우리는 상식을 기초로 대화를 나눕니다. 어렸을 때부터 이런 대화법에 익숙해져 있습니다. 따라서 영적으로 문제가 생기면 육적 사고와 충돌을 일으키게 됩니다.

영적인 것과 육적인 것의 갈등은 예수님 당시에도 있었고, 지금도 여전히 존재합니다. 세상은 "왜 교회가 많은 돈을 들여 선교용 인공위성을 사용해야 하는가? 내국인에게 전도하면 될 것을 굳이 왜 외국에 나가서 전도하느라고 물의를 일으키는가?" 하고 딴지를 걸어 오지만, 영적 공동체인 교회의 활동은 세상의 도덕과 윤리와 합리성의 잣대로 평가할 수 없습니다.

둘째, 영적인 것은 훈련을 받고 시간이 흐른다고 해서 저절로 터득되는 게 아닙니다. 제자들은 3년 동안 예수님과 함께 지내며 주님의 설교를 들었지만, 육의 벽을 넘지 못했습니다. 마찬가지로 교회에 오래 다니고 말씀과 기도와 찬송에 익숙하다고 해서 영적인 사람이 되는 것은 아닙니다.

성령님이 임하실 때 비로소 영적인 것이 이해됩니다. 성령으로 기도해야 합니다. 하나님이 마음에 부담을 주시는 내용을 기도해야 합니다. 찬송이라고 해서 다 찬송이 아닙니다. 연주를 하거나 찬송을 할 때, 성령의 감동으로 해야 참되게 들립니다.

셋째, 육의 질문은 우리를 영적 세계로 인도하는 길이 됩니다. 나사로가 죽었을 때, 마르다가 "주여, 주께서 여기 계셨더라면 오빠가 죽지 않았을 것입니다"(요 11:21)라고 말하자 예수님이 "나는 부활이요, 생명이니 나를 믿는 사람은 죽어도 살겠고 살아서 나를 믿는 사람은 영원히 죽지 않을 것이다. 네가 이것을 믿느냐?"(요 11:25-26)라고 물으셨습니다. 마르다는 예수님을 믿고, 죽은 후에 부활할 것도 믿었지만, 나사로가 당장 살아날 것은 믿지 못했습니다. 마치 우리 믿음 같습니다.

또 예수님이 니고데모에게 거듭나야 한다고 말씀하시자 니고데모가 번민에 빠지지 않았습니까? 어떻게 어머니의 뱃속에 다시 들어갔다가 나올 수 있느냐며 의아해했습니다. 예수님은 "바람이 어디서 오는지, 어디로 가는지 알지 못한다. 성령으로 태어난 사람도 모두 이와 같다"고 말씀해 주셨습니다(요 3장). 이처럼 육적인 것과 영적인 것 사이에는 갈등이 있습니다.

사마리아의 수가라는 마을에서 예수님이 한 여인을 만나셨을 때도 마찬가지의 대화가 오갔습니다. 예수님이 물을 좀 달라고 하자 여인은 유대인이 어떻게 사마리아 여자에게 물을 달라고 하느냐며 따졌고, 주님이 "네가 하나님의 선물을 알고 또 물을 달라고 하는 사람이 누구인지 알았다면 도리어 네가 그에게 부탁했을 것

이고 그가 네게 생수를 주었을 것이다"(요 4:10)라고 말씀하시고서
야 여인은 그런 물이 있다면 자기에게도 달라고 청했습니다. 이것
이 영적인 대화와 육적인 대화의 차이입니다.

천국으로 가는 유일한 길

도마의 질문에는 예수님이 가시는 그 길은 무엇(What)이고, 어디
(Where)를 향하며 왜(Why) 가시느냐는 물음과 함께 우리는 어떻게
(How) 갈 수 있느냐는 물음도 담겨 있습니다. 도마는 굉장히 합리
적이고 현실적인 사고를 가진 사람이지만, 예수님의 말씀을 이해
하지는 못하고 있습니다.

그러나 도마는 예수님께 "길"이라는 주제어를 던져 드린 셈입니
다. 도대체 길이란 무엇입니까? 인생의 가장 기본적인 문제가 길
이라는 단어에 집중되어 있습니다. 모든 철학에서 문제가 되는 세
가지는 '나는 어디서 와서 무엇을 하다가 어디로 가는가?'입니다.
이것이 길입니다.

사람은 자기 인생길을 스스로 선택해야 합니다. 인생길의 선택
은 세상에서의 삶에만 적용되는 게 아니라 영적 문제에도 동일하
게 적용됩니다. 이에 관해 예수님이 다음과 같이 말씀하십니다.

예수께서 도마에게 말씀하셨습니다. "나는 길이요, 진리요, 생명이

니 나를 통하지 않고서는 아버지께로 올 사람이 없다(요 14:6).

　도마의 질문에 대단히 탁월한 답을 주셨습니다.

　이 말씀을 통해 몇 가지 사실을 추리해 볼 수 있습니다. 첫째, 예수님은 자신에 관해 설명할 때 선언적으로 말씀하십니다. 쉽게 말해서, '나는 무엇이고, 무엇이다'라는 식으로 말씀하신다는 것입니다. 이런 표현이 요한복음에 일곱 번 나옵니다. 예수님은 "내가 바로 생명의 빵이다"(요 6:35), "나는 세상의 빛이다"(요 8:12), "나는 양의 문이다"(요 10:7), "나는 선한 목자다"(요 10:11), "나는 부활이요, 생명이니"(요 11:25), "나는 길이요, 진리요, 생명이니"(요 14:6), "나는 참 포도나무요"(요 15:1)라고 선언하셨습니다.

　이 말씀의 근원은 출이집트기 3장 14절로 거슬러 올라갑니다. 모세가 광야에서 40년 동안 방황한 후 장인 이드로의 양 무리를 치다가 하나님의 산 호렙에 이르렀습니다. 그때 떨기나무에 불이 붙는 장면을 목격하고, 그 불에 이끌려서 가까이 가던 중에 음성을 듣습니다. 하나님은 "더 이상 가까이 다가오지 마라. 네가 서 있는 곳은 거룩한 땅이니 네 발에서 네 신을 벗어라"(출 3:5)고 말씀하시며 이집트에 있는 이스라엘 백성을 구출할 것을 명령하셨습니다. 모세가 이스라엘 백성들에게 가서 당신을 누구라고 설명해야 하느냐고 묻자, 하나님은 "나는 스스로 있는 자다"(출 3:14)라고 대답해 주셨습니다. 예수님의 '나는 무엇이고 무엇이다'라는 선언적

설명이 여기서 비롯된 것입니다.

예수님이 "나는 길이요, 진리요, 생명이니"라고 말씀하신 것은 단순히 여러 길이나 진리나 생명 중의 하나라는 것이 아니라 신(神)적 권위를 가진 하나님만이 하실 수 있는 독특한 선언입니다.

둘째, 우리가 천국으로 갈 수 있는 유일한 진리와 생명의 길은 곧 예수님이라는 사실입니다. 세상에는 이 말씀 때문에 시험 든 사람이 많습니다. 다원주의자, 무신론자, 범신론자, 휴머니스트 등입니다. 그들은 "예수가 뭔데 자기를 믿어야만 구원받는다고 하느냐?"고 핏대를 세웁니다. 좋은 종교, 좋은 사상이 얼마나 많은데, 예수만 믿어야 구원받는다는 독선이 어디 있느냐는 것입니다.

그러나 이 말씀에서 예수님이 말씀하신 의도를 자세히 살펴보면, 주님이 그런 다원주의 사상을 이미 배격하신 것을 알 수 있습니다. 첫 번째 근거는 예수님이 "나는 길이다"라고 선언하셨다는 사실입니다. 길은 화해를 의미합니다. 그동안 하나님 아버지께로 가는 길이 사람들에게 막혀 있었는데, 예수님이 길이 되셔서 트인 것입니다. 길은 목표가 아니라 과정입니다. 따라서 길은 목표에 이르는 수단과 방법이 되는 것입니다.

길과 관련하여 세 종류의 사람을 생각할 수 있습니다. 한 사람은 가는 도중에 길을 잃어버립니다. 그런 사람을 가리켜 방황한다고 말합니다. 시작은 있는데 끝이 없는 것은 방황입니다. 또 한 사람은 지름길을 몰라 걸어왔던 길을 계속 맴돕니다. 죽을 때까지 다람

쥐 쳇바퀴 돌듯합니다. 걷기는 걷지만, 아무것도 모르는 율법적인 사람입니다. 마지막으로, 길도 없는 곳을 무작정 가는 사람이 있습니다. 이를 가리켜 무지하다고 말합니다.

길은 우리에게 많은 것을 가르쳐 줍니다. 한때 수영으로 이름을 날렸던 조오련 선수는 현해탄을 헤엄쳐 건넌 사람입니다. 내가 영국에 있을 때, 도버해협을 헤엄쳐 건넌 사람을 봤습니다. 그러나 인간은 현해탄이나 도버해협을 헤엄쳐 건널 수는 있지만, 태평양을 건너진 못합니다. 겸손한 마음으로 배나 비행기를 이용해 건너야 합니다.

인간은 노력하면 바다를 헤엄쳐 건널 수는 있지만, 아무리 노력해도 천국에는 가지 못합니다. 천국행은 예수 그리스도를 믿을 때만 가능합니다. 이것이 '길의 문제'입니다. "기독교만이 절대 진리가 아니다. 하나님 아버지의 집으로 가는 길은 전후좌우에 있다. 기독교뿐 아니라 불교, 유교, 이슬람교도 좋다. 모든 종교는 하나가 돼야 하지 않느냐?"라는 주장은 인간 세계 이야기에 지나지 않습니다.

참 진리는 여러 갈래로 나뉘거나 복잡하지 않습니다. 공자나 석가처럼 손으로 길을 가리키거나 아침에 도를 깨달으면 저녁에 죽어도 여한이 없다는 식의 말과는 전혀 다른 것입니다. 진리는 오직 예수 그리스도이십니다. 길이 아니면 가지 말고, 길을 걸을 때 방황하지 말며 오직 예수 그리스도를 바라봐야 합니다.

오직 예수

예수님이 다원론을 배격하심을 알 수 있는 두 번째 근거는 예수님의 "나는 진리다"라는 말씀입니다. 길을 가려면 조명이 필요합니다. 길이라고 다 같은 길이 아니며 바른길, 지름길, 안전한 길을 선택해야 합니다. 성경은 "사람이 옳다고 여기는 길이어도 결국에는 죽음에 이를 뿐"(잠 14:12)이라고 말합니다.

예수님은 자신을 진리의 빛으로 소개하십니다. "너희는 진리를 알게 될 것이며 진리가 너희를 자유롭게 할 것이다"(요 8:32)라는 말씀의 "진리"도 예수님을 가리킵니다.

빌라도가 말했습니다. "그러면 네가 왕이란 말이냐?" 예수께서 대답하셨습니다. "네 말대로 나는 왕이다. 나는 진리를 증언하려고 태어났으며 진리를 증언하려고 이 세상에 왔다. 누구든지 진리에 속한 사람은 내 말을 듣는다"(요 18:37).

진리의 반대는 거짓과 불의와 불법입니다. 성경은 "그들은 지각이 어두워져 있고 무지함과 완악함이 그들 속에 있어 하나님의 생명에서 떠나"(엡 4:18) 있다고 말합니다. 또 사도 바울은 "내가 깨우친 것은 오직 이것이다. 하나님께서는 사람을 바르게 만드셨지만 사람들은 온갖 짓을 다했다는 것이다"(전 7:29)라고 고백했습니다. 하나님은 애초에 사람을 사기꾼으로 만드신 적이 없습니다. 인간이 죄로 인해 거짓말쟁이와 사기꾼으로 변해 간 것입니다.

세 번째 근거는 예수님이 "나는 생명이다"라고 선언하신 것입니다. 생명이란 삶의 근원이자 에너지입니다. 생명은 변화와 부활과 거듭남을 잉태케 해 줍니다. 생명이신 예수님이 우리를 하나님께로 인도하십니다. 흔히 우리가 하나님에 관해 정의할 때, "하나님은 사랑이시며 생명이시다"라고 말합니다. 하나님이 계시는 곳에 생명이 있고, 마귀가 있는 곳에 죽음이 있습니다.

타락한 인간의 본성은 죽음이고, 세상은 죽음으로 가득 차 있습니다. 그러나 성경은 "그분 안에는 생명이 있었습니다. 그 생명은 사람들의 빛이었습니다"(요 1:4)라고 말하며 주님 안에 생명이 있음을 가르쳐 주고 있습니다.

우리가 말하는 '생명'은 생물학적 생명입니다. 그러나 예수님이 말씀하시는 생명은 영원한 생명입니다. 예수님은 "내가 진실로 진실로 너희에게 말한다. 누구든지 내 말을 듣고 나를 보내신 분을 믿는 사람은 영생이 있고 심판을 받지 않는다. 그는 죽음에서 생명으로 옮겨졌다"(요 5:24)고 말씀하셨습니다.

성경은 "아들을 믿는 사람에게는 영생이 있다. 그러나 아들에게 순종하지 않는 사람은 생명을 보지 못하고 도리어 하나님의 진노를 받게 된다"(요 3:36)고 선언합니다.

예수 그리스도는 하나님 아버지께로 가는 유일한 길이고, 그 길을 비춰 주는 진리이며, 그 진리 안에 생명이 있습니다. 세상에 진리는 오직 하나입니다. 바로 예수 그리스도입니다. 만약 태양이 두 개라면, 지구는 너무 뜨거워 사람이 살 수 없을 것입니다. 낳아 준 어머니가 두 분이라면 정체성에 큰 혼란을 겪게 될 것입니다. 하나보다 둘이라서 복잡하고 불편한 것이 더 많습니다. 1 더하기 1은 2이지, 1.99999라든지 2.00001가 된다고 주장하면, 그것은 진리가 아닌 것입니다.

진정한 사랑, 진정한 구원, 진정한 자유도 하나뿐입니다. 인간이 천국으로 갈 수 있는 유일한 방법은 예수 그리스도뿐입니다. 절대 진리를 상대 지식이나 진화론적 사고와 연결하여 희석해서는 안 됩니다. 하나님은 학문이나 지식의 대상이 아니시며 논쟁의 대상은 더더욱 아니십니다. 성경은 하나님에 관해 논쟁하지 않습니다.

인간은 여러 갈래 길이 있고 다양한 진리가 있으며 많은 형태의 생명이 있다고 주장합니다. 그러나 성경은 "예수 외에 다른 어느 누구에게도 구원을 받을 수 없습니다. 하나님께서는 하늘 아래 우리가 구원받을 만한 다른 이름을 우리에게 주신 일이 없기 때문입니다"(행 4:12)라고 분명히 밝히고 있습니다.

하나님에 관해 모든 것을 알려고 덤비는 것은 인간의 오만입니다. 하나님은 인간의 경배와 찬양의 대상이 되실 뿐입니다. 다만 우리는 하나님께 나아가 예배해야 합니다.

9

내 이름으로
무엇이든지 구하라

요한복음 14:8-15

예수님을 알면 하나님이 보인다

예수님과 열두 제자는 3년간 동고동락하면서 일상적인 대화의 소통은 할 수 있었지만, 영적인 소통은 하지 못했습니다. 왜냐하면 제자들이 영적으로 눈을 뜨지 못했기 때문입니다. 성경에 기록된 영적 진리들을 제대로 이해해야 놀라운 능력을 경험할 수 있습니다.

예수님이 십자가의 죽음에 대해 말씀하셨을 때, 베드로는 "주여, 어디로 가십니까? 왜 우리는 주님을 따라갈 수 없습니까?"라고 항변했습니다. 또한 도마는 "주님이 어디로 가시는지 알지 못하는데 그 길을 어떻게 알겠습니까?"라고 물었습니다.

이제 세 번째로 빌립이 나타나 예수님께 또 다른 사항을 요구합니다.

빌립이 말했습니다. "주여, 우리에게 아버지를 보여 주십시오. 그러면 저희가 더 바랄 것이 없겠습니다"(요 14:8).

빌립도 베드로와 도마처럼 어리석은 질문을 하고 있습니다. 이로써 모든 제자가 예수님이 가시는 그 길에 관해 아무것도 깨닫지 못했음을 알 수 있습니다.

우리도 하나님을 볼 수 없고, 그분이 행하시는 일이 이해되지 않으며 고통을 느끼면 예수님의 제자들처럼 어리석은 생각을 하게 됩니다.

하나님은 인간의 어리석은 질문에 영원한 진리의 말씀으로 대답해 주십니다.

> 너희는 마음에 근심하지 말라. 하나님을 믿고 또 나를 믿으라(요 14:1).
> 내가 가서 너희가 있을 곳을 마련하면 다시 와서 너희를 내게로 데려갈 것이다. 그러면 너희도 내가 있는 곳에 함께 있게 될 것이다(요 14:3).
> 나는 길이요, 진리요, 생명이니 나를 통하지 않고서는 아버지께로 올 사람이 없다(요 14:6).

예수님은 영적으로 깨어 있지 못한 제자들의 질문에 놀라운 축복의 말씀으로 응해 주십니다.

> 예수께서 대답하셨습니다. "빌립아, 내가 그렇게도 오랫동안 너희와 함께 있었는데도 네가 나를 모르느냐? 누구든지 나를 본 사람은 아버지를 본 것이다. 그런데도 네가 어떻게 '우리에게 아버지를 보여 주십시오'라고 말하느냐?"(요 14:9).

빌립뿐 아니라 많은 사람이 하나님에 관한 질문을 숱하게 던집니다. 자신들이 믿고 있는 하나님을 본 적도, 경험한 적도 없기 때문입니다. 그래서 사람들은 '도대체 하나님은 어떤 분일까? 믿고 싶은데 보여 주시면 안 될까? 그분을 만나는 길이 무엇일까?'라며 궁금해합니다. 그리고 때로 하나님을 의심하기도 합니다.

하나님에 관한 질문은 곧 인간에 관한 질문이기도 합니다. 하나님은 어떤 분이신가 하고 묻는 것은 궁극적으로 인간은 어떤 존재인가 묻는 것이며, 이 둘은 동전의 양면과 같은 불가분의 관계에 있습니다. 하나님에 관한 문제가 해결되지 않으면 인간에 관한 문제도 해결할 수 없습니다. 인간 존재의 의미를 찾는 일에 하나님을 빼 버리면 허공에 떠버리게 되는 것입니다.

예수님은 하나님에 관해 질문한 빌립에게 명료하게 말씀해 주십니다. 첫째, 예수님은 인간 이상의 존재 곧 하나님의 아들로서 삶을 통해 하나님을 보여 주었다고 말씀하십니다.

둘째, 예수님을 본 자는 하나님을 본 것이라고 말씀하십니다. 누구든지 예수 그리스도를 진정으로 만나면 예수님 안에 있는 하나님을 만나게 됩니다.

누군가와 가까워지면 가까워질수록 그 사람이 풍기는 인간 본연의 냄새를 맡게 됩니다. 그 사람 안에 있는 어둠의 세력이 풍기는 냄새입니다. 그러나 예수님을 만나면 그분이 점점 더 좋아집니다. 그것은 예수님 안에 하나님이 계시기 때문입니다. 그래서 우리는 세상 사람을 향해 예수님을 바라고 믿을 것을 담대하게 외치는 겁니다. 예수님을 보면, 하나님을 발견할 수 있습니다. 하나님의 영원하신 사랑과 용서와 능력과 축복이 예수님 안에 충만하기 때문입니다.

예수님은 "나를 본 사람은 아버지를 본 것"이라고 말씀하셨습니다. 예수님이 하나님의 아들이라는 말씀은 우리도 그분을 믿으면 하나님의 아들이 된다는 뜻입니다. 성경은 "그분을 영접한 사람들, 곧 그분의 이름을 믿는 사람들에게는 하나님의 자녀가 될 권세를"(요 1:12) 주셨다고 말합니다. 예수님이 보통 인간이라면 그럴 능력이 없겠지만, 하나님이시므로 누구든지 예수님을 믿으면 하나님의 자녀가 되는 권세를 주십니다.

그러면 과연 인간은 하나님을 볼 수 있고, 만날 수 있는가 하는 문제가 대두됩니다. 이는 한마디로 불가능한 일입니다. 인간은 역사 안에 있고 하나님은 역사 밖에 존재하시며, 인간은 육체이고 하나님은 영이시기 때문입니다.

사람은 육신을 입고 이 땅에 오신 하나님을 볼 수 있고 만날 수 있지만, 애당초 육이 영을 보고 만난다는 것은 허락되지 않은 일입니다. 시간과 공간 안에 있는 존재가 시간과 공간을 초월하신 존재를 이해한다는 것은 어불성설입니다.

인간이 하나님을 아는 방법은 아주 간단합니다. 인간이 하나님이 되는 것입니다. 그러나 인간은 절대 하나님이 될 수 없습니다.

다만 하나님이 인간이 되신다면, 인간은 하나님을 보고 느끼며 만질 수 있게 됩니다.

하나님이 모세에게 말씀하신 장면을 보십시오. 그는 이집트를 떠나 광야에서 40년간 양을 치다가 시내산에서 떨기나무에 불이 붙은 것을 목격합니다. 그 불이 너무 신비스러워 접근을 시도하다가 하나님의 음성을 듣습니다. "더 이상 가까이 다가오지 마라. 네가 서 있는 곳은 거룩한 땅이니 네 발에서 네 신을 벗어라"(출 3:5). 모세가 하나님께 당신은 누구시냐고 묻습니다. 하나님이 "나는 스스로 있는 자다"(출 3:14)라고 대답해 주셨습니다. 모세는 하나님의 음성을 듣고 이스라엘 백성을 이집트에서 인도하여 홍해를 건넌 후 광야를 거쳐 가나안 땅으로 향합니다.

그러나 그는 하나님의 얼굴은 한 번도 본 적이 없습니다. 이 부분을 모세도 안타까워했습니다.

성경에 보여 주신 것만큼 안다

피조물은 스스로 존재하시는 분을 이해할 수 없습니다. 인간은 하나님에 대해 충분히 알고 이해할 수 있다는 오만한 생각을 버려야 합니다. 인간이 하나님에 대해 모든 것을 안다면 곧 하나님이 되는 것입니다. 그러나 인간은 본질상 하나님을 이해할 수도, 담을 수도 없는 미약한 존재입니다. 다만 하나님이 성경을 통해 가르쳐 주신

범위만큼 알고 이해할 뿐입니다.

성경은 인간이 이해할 수 있는 언어로 하나님에 대해 설명하고 있습니다. 따라서 인간은 하나님 앞에서 성경 말씀을 가지고 따지고 들면 안 됩니다. 오직 그분 앞에 무릎을 꿇고 나아가 경배해야 합니다. 하나님은 도서관에도 계시지 않고, 인간의 지성에도 계시지 않습니다. 인간이 하나님을 알 수 있는 방법은 역사 속에서 섭리하시는 그분을 발견하는 것뿐입니다.

인간은 자신의 생각, 생활, 경험만큼 하나님을 닮아 가는 존재입니다. 바닷가의 모래를 손에 쥐어 보십시오. 자기 손만큼만 쥘 수 있을 뿐 더 많이 쥘 수 없습니다. 인간에게 가장 중요한 것은 하나님을 아는 겸손입니다. 하나님 앞에서 오만하게 구는 인간은 언젠가 큰일을 당하게 됩니다. 하나님은 모세에게 "네가 내 얼굴은 보지 못한다. 나를 보고 살아남은 사람이 없다"(출 33:20)고 경고하셨습니다. 만약 인간이 하나님을 보게 된다면, 그 자리에서 즉사할 것입니다. 죄인인 인간은 죄가 없으시고 거룩하신 하나님을 볼 수 없기 때문입니다.

그러고 나서 여호와께서 또 말씀하셨습니다. "자, 내 가까운 곳에 바위가 있으니 그 위에 서 있어라. 그러면 내 영광이 지나갈 때 내가 너를 바위 틈새에 두고 내가 다 지나갈 때까지 내 손으로 덮을 것이다. 그러고 나서 내가 내 손을 뗄 것이니 너는 내 뒷모습만 보고 내 얼굴은 보지 못할 것이다"(출 33:21-23).

모세는 하나님의 등만 볼 수 있을 뿐 얼굴은 볼 수 없습니다. 다른 선지자들도 마찬가지입니다. 하나님의 손이나 발등상을 겨우 볼 수 있을 뿐입니다. 우리가 하나님의 얼굴을 볼 수 있는 유일한 길은 바로 예수 그리스도를 보는 것입니다.

인간은 하나님이 될 수 없지만, 하나님은 인간이 되실 수 있습니다. 전지전능하신 분이므로 무엇이든지 가능하십니다. 하나님이 육신을 입고 이 땅에 오셨으므로, 인간으로 오신 예수 그리스도를 통해 하나님을 볼 수 있습니다. 그래서 예수님이 "나를 본 자는 아버지를 보았다"고 말씀하신 것입니다.

그러므로 예수님을 믿는 것은 곧 하나님을 믿는 것입니다. 예수님을 본다는 것은 곧 하나님을 보는 것입니다. '예수님 안에 있다'는 말은 곧 하나님 안에 있다는 말입니다.

하나님은 예수님을 이 땅에 보내시어 그분의 말씀과 삶과 행하신 기적을 통해 하나님을 만날 수 있도록 하셨습니다. 예수님은 하나님 나라로 통하는 길이요 진리요 생명이 되셨습니다.

요한복음 14장 7-12절을 보면, 짧은 본문 안에 세 단어, '알다'와 '보다'와 '믿다'가 집중적으로 쓰였음을 알 수 있습니다. 예를 들어, "너희가 나를 알았더라면 내 아버지도 알았을 것이다. 이제 너희는 내 아버지를 알고 내 아버지를 보았다"(요 14:7) 한 구절에

'알다'가 세 번, '보다'가 한 번 나옵니다. 여기서 '알다'와 '보다'는 같은 의미로 쓰였습니다.

다음 말씀에서는 이렇게 표현하고 있습니다.

> 예수께서 대답하셨습니다. "빌립아, 내가 그렇게도 오랫동안 너희와 함께 있었는데도 네가 나를 모르느냐? 누구든지 나를 본 사람은 아버지를 본 것이다. 그런데도 네가 어떻게 '우리에게 아버지를 보여 주십시오'라고 말하느냐?"(요 14:9).

우리말로는 '보다', 영어로는 'see'로 번역되는 헬라어 단어는 그 뜻이 매우 풍부합니다. 그냥 본다는 뜻도 있고, 뚫어지게 쳐다본다는 뜻도 있으며, 내면의 세계까지 깊이 들여다본다는 뜻도 있습니다. "아버지를 본 것"이라는 말씀에서 '보다'는 내면까지 깊이 들여다보는 것을 의미합니다.

우리는 예수 그리스도를 십자가 형상이나 사진으로만 쳐다볼 게 아니라 주님의 얼굴 깊은 곳으로 들어가 보아야 합니다.

> 내가 아버지 안에 있고 아버지가 내 안에 계시다는 것을 믿지 못하느냐? 내가 너희에게 하는 말은 내 말이 아니다. 오직 살아 계시는 아버지께서 내 안에 계시면서 자신의 일을 하시는 것이다. 내가 아버지 안에 있고 아버지께서 내 안에 계시다는 것을 믿어라. 믿지 못

하겠거든 내가 행하는 그 일들을 보아서라도 믿어라. 내가 진실로 진실로 너희에게 말한다. 누구든지 나를 믿는 사람은 내가 하는 일들을 그도 할 것이요, 이보다 더 큰일들도 할 것이다. 그것은 내가 아버지께로 가기 때문이다(요 14:10-12).

성경을 읽을 때는 반복되는 표현에 유의하고, 특히 동사의 변화를 잘 살펴봐야 합니다. 그래야 말씀의 핵심을 파악할 수 있습니다.

예수님의 이름으로 기도하라

요한복음 14장 7-12절에는 '알다', '보다', '믿다'라는 세 가지 동사가 뒤섞여 쓰였습니다. 여기서 '알다'는 도서관에서 책을 읽고 아는 것이 아닌 삶의 경험을 통해 아는 것을 뜻합니다. 에덴동산에서 쫓겨난 아담과 이브가 "동침"하여 가인을 낳았을 때, 원문에는 '보다'가 쓰였습니다. "너희는 진리를 알게 될 것이며 진리가 너희를 자유롭게 할 것이다"(요 8:32)에서도 '알다'는 머리로 아는 것이 아니라 체험으로 진리를 깨닫는다는 뜻입니다. 그러므로 하나님을 안다는 것은 개인의 내면에 주님이 거하심과 그가 주님 안에 거하는 것을 의미합니다.

이처럼 '보다'와 '알다'는 같은 개념으로 사용됩니다. 개인의 내면으로 정보가 들어와 피가 되고 살이 되는 것을 의미하는 것입니다. 아기를 낳자마자 품에 안은 엄마는 그 아기가 자기 아이인지 아닌지 의심하며 갈등하지 않습니다. 방금 고통 중에 그 아기를 낳았기 때문입니다. 마찬가지로 예수님을 믿는다는 것은 인간의 이성과 합리적인 논리의 차원이 아닌 체험의 차원인 것입니다.

예수 그리스도는 우리가 보고 알고 믿는 전 인격체이십니다. 예수님을 믿는다는 것은 지적으로나 이성적으로나 경험적으로 그분을 의지한다는 것입니다.

예수님의 얼굴에서 하나님의 얼굴을 볼 수 있다는 말씀은 그만큼 예수님을 바라보고 깊이 묵상하라는 권면입니다. 그렇게 하면, 두 가지 축복이 부어질 것입니다. 첫째, "누구든지 나를 믿는 사람은 내가 하는 일들을 그도 할 것이요, 이보다 더 큰 일들도 할 것"(요 14:12)입니다.

예수님이 하시는 모든 일은 하나님의 능력을 나타냅니다. 우리는 주님을 믿음으로써 주님이 하시는 모든 일을 할 수 있는 축복을 누립니다. 이것은 사복음서에 공통적으로 기록된 말씀입니다. "더 큰 일"이란 사도행전을 가리킵니다. 우리는 지금 사도행전 29장을 쓰고 있습니다. 예수 그리스도께서 하나님이심을 믿고 체험할 때, 우리는 사도행전을 계속 이어갈 수 있습니다.

두 번째 축복은 우리가 무엇이든지 예수님의 이름으로 구하면 예수님이 다 이루어 주겠다고 약속하신 것입니다(요 14:13-14).

기도의 최대 조건은 예수 그리스도의 이름입니다. 기도의 응답은 물리적, 정신적, 영적인 모든 것을 포함합니다. 하나님은 우리 기도에 직간접적으로 '오냐', '아니다' 혹은 '기다려라'라는 응답을 주십니다.

조지 뮐러(George Müller)는 일생 동안 5만 번의 기도 응답을 받았다고 합니다. 그는 평생을 두고 두 사람을 위해 기도했는데, 한 사람은 뮐러가 죽기 전에 예수님을 영접했고, 또 한 사람은 뮐러가 죽은 뒤 한 달 만에 예수님을 영접함으로써 기도 응답을 받았습니다.

우리가 예수님의 이름으로 무엇이든지 구하면, 하나님이 그대로 시행해 주신다는 말씀은 아들로 인해 아버지께서 영광을 받으시기 위함입니다. 하나님은 예수 그리스도를 통해 영광을 받으십니다. 우리가 드리는 기도의 결론은 곧 '하나님께 영광'이 되고, 우리가 받는 축복의 결론도 하나님께 영광이 되는 것입니다.

예수 그리스도의 이름으로 기도하면, 하나님의 능력과 기적을 체험할 수 있습니다. 우리가 하는 모든 일에 형통함의 축복이 있을 것입니다. 한 사람의 유익을 위하는 것이 아니라 하나님께 영광을 돌리는 일이기 때문입니다. 그러므로 우리에게 부어 주시는 모든 축복은 곧 하나님께 영광을 돌리기 위함임을 잊지 마십시오.

10

또 다른 보혜사가
오시리라

요한복음 14:16-21

보혜사의 강림을 약속하시다

예수님이 십자가의 죽음을 앞두고 사랑하는 제자들에게 하신 말씀을 다락방 강화라고 합니다. 그 첫 번째 메시지는 "너희는 마음에 근심하지 말라. 하나님을 믿고 또 나를 믿으라"(요 14:1)는 것입니다. 주님은 아버지의 집에 있을 곳이 많으니 우리가 있을 곳을 마련하신 뒤에 다시 데리러 오실 것이라고 말씀하십니다. 그러니 절대 근심할 필요가 없습니다.

두 번째 메시지는 "나는 길이요, 진리요, 생명이니 나를 통하지 않고서는 아버지께로 올 사람이 없다"(요 14:6)는 것입니다. 예수님을 알았다면, 아버지도 알았을 것이라고 말씀하십니다. 이제 우리는 예수님을 통해 하나님 아버지를 알고 , 하나님 아버지를 봅니다.

세 번째 메시지는 "내가 아버지 안에 있고 아버지께서 내 안에 계시다는 것을 믿어라. 믿지 못하겠거든 내가 행하는 그 일들을 보아서라도 믿어라"(요 14:11)라는 것입니다. 예수님이 아버지 안에 계시고, 아버지께서 예수님 안에 계신 것을 믿는 사람은 두 가지 기적을 보게 됩니다. 하나는 예수님을 믿는 사람은 예수님이 하시는 일을 할 수 있고, 그보다 더 큰 일도 하게 된다는 것이고, 또 하나는 예수님의 이름으로 무엇이든지 구하면 예수님이 다 이루어 주신다는 것입니다.

이 말씀을 하신 뒤에 예수님은 십자가에 못 박혀 죽으실 것입니다. 예수님이 죽으시면 모든 것이 끝장나고 수포로 돌아갈 텐데, 제자들에게 기적과 축복을 약속하신 근거가 무엇입니까? 그 기적과 축복이 계속된다고 말씀하시는 결정적인 비밀은 무엇입니까? 무작정 믿는다고 기적이 일어나는 것은 아닙니다.

예수님의 말씀에는 굉장한 충격을 주는 메시지가 들어 있습니다. 아주 새롭고 놀라운 진리입니다.

> 내가 아버지께 구할 것이니 아버지께서 너희에게 다른 보혜사를 보내셔서 너희와 영원히 함께 있도록 하실 것이다. 그분은 진리의 영이시다. 세상은 그분을 볼 수도 없고 알 수도 없기 때문에 그분을 받아들일 수가 없다. 그러나 너희는 그분을 안다. 그분이 너희와 함께 계시고 또 너희 안에 계실 것이기 때문이다(요 14:16-17).

예수님이 아버지께 간구해 "다른 보혜사"를 보내 주겠다고 약속하십니다. 예수님은 이 땅을 떠나 하늘로 올라가실 테지만, 또 다른 보혜사가 오실 것입니다.

"다른 보혜사"는 헬라어로 '우리와 함께 계시는 분', '우리를 도와주시는 분', '우리를 위해 대언하시는 분', '우리를 위로해 주시는 분'을 의미합니다.

사도 요한이 이것을 더 자세하게 말해 줍니다.

> 내 자녀들이여, 내가 이 편지를 여러분에게 쓰는 것은 여러분이 죄를 짓지 않도록 하려는 것입니다. 그러나 만일 누가 죄를 짓더라도 아버지 앞에서 변호해 주시는 분이 계시는데 그분은 곧 의로우신 예수 그리스도십니다(요일 2:1).

우리가 죄를 범하면, 우리 죄를 씻어 주시도록 하나님 앞에서 대언해 주시는 분이 바로 "의로우신 예수 그리스도"이십니다. 우리와 함께 계셔서 우리를 도우시고 우리의 죄 문제를 해결해 주시는 보혜사가 바로 예수님입니다.

그런데 또 "다른 보혜사"가 계십니다. 그분이 오셔서 예수님이 하셨던 일들을 해 주실 것입니다. 그 모습은 다르지만, 같은 보혜사이십니다. 바로 성령님입니다. 하나님이 성령님을 보내 주심으로써 예수님의 기적과 축복과 약속이 계속됩니다.

성령님에 관해 막연하게 생각하던 것이 있다면, 16절 말씀으로 분명해질 것입니다. 성령님이 "다른 보혜사"인데, 곧 예수 그리스도와 동격이십니다. 예수님은 인간의 몸을 입고 세상에 오셨고, 십자가에서 죽으셨다가 부활하심으로써 구원을 완성하실 것입니다. 승천하신 뒤에는 예수님이 영으로서 우리와 함께 계실 것입니다.

그 영이 바로 성령님입니다.

하나님의 독생자이신 예수 그리스도께서 세상에 오셔서 우리 죄를 위해 십자가에 못 박혀 죽으시고 부활하신 일을 도무지 이해하지 못하고, 믿지 못하던 사람이 성령님을 체험하면 달라집니다. 죄를 대수롭지 않게 여기던 사람이 성령님을 만나면 데굴데굴 구르며 죄를 회개하게 됩니다. 왜 그렇습니까? "다른 보혜사"를 만났기 때문입니다. 다른 보혜사와의 만남은 우리에게 큰 충격을 안겨 줍니다.

예수님을 믿는다는 것은 교회에 다니는 것을 의미하지 않습니다. 예수님이 우리의 죄 문제를 해결해 주시지 못한다면, 우리에게 믿음은 아무 소용없는 것입니다. 우리가 하나님을 믿고 열심히 기도하는데도 우리 삶에 아무런 변화도 없다면, 분명히 뭔가 잘못된 것입니다. 변화된 삶의 모습은 예수님을 믿는 증거입니다. 하나님은 우리를 변화시킬 권능이 있으신 분입니다.

보혜사 성령은 또 다른 예수님이시다

"내가 아버지께 구할 것이니 아버지께서 너희에게 다른 보혜사를 보내셔서 너희와 영원히 함께 있도록 하실 것이다"(요 14:16)라는 말씀에서 우리는 세 가지 사실을 발견합니다. 첫째, 예수님의 또 다른 형태로 오시는 보혜사 성령님은 예수님의 요청에 따라 영으로 오시는 것입니다.

둘째, 하나님이 보혜사 성령님을 세상으로 보내 주시는 것입니다. 요청하신 분은 예수님이고, 보내시는 분은 하나님이며 보내심을 받은 분은 보혜사 성령님입니다. 여기서 우리는 삼위일체 하나님을 충분히 인지할 수 있습니다. 성부 하나님, 성자 하나님, 성령 하나님이 절묘하게 하나를 이루심을 발견합니다.

우리가 예수님을 믿게 된 것도 단적으로 말해 보혜사 성령님 덕분입니다. 사람이 똑똑하고 유능해서 예수님을 믿게 된 것이 아닙니다. 개인의 수양이나 득도를 통해 예수님을 믿게 된 것이 아니라, 성령님이 역사하셔서 믿게 된 것입니다. 그러므로 우리는 하나님께 은혜를 구하며 성령 충만에 힘써야 합니다.

셋째, 보혜사 성령님이 영원토록 우리와 함께 계신다는 것입니다. 예수님은 육체를 입고 이 땅에 오셨기에 3년 동안 제자들과 함께 지내셨지만, 이 땅을 떠나실 수밖에 없었습니다. 그러나 성령님은 예수 그리스도의 영이시므로 시간과 공간의 제약을 받지 않고 ,우리와 영원히 함께 계십니다. 2,000년 전이나 지금이나 항상 동일하게 우리와 동행하십니다.

하나님은 무소부재하시지만, 인간은 한시적인 존재일 뿐입니다. 하나님은 시공을 초월하시지만, 인간은 시공의 제약을 받습니다. 성령님은 수천, 수만, 수백만 명을 동시에 만나실 수 있습니다. 심지어 순식간에 지구의 멸망도 일으키실 수 있습니다.

그런데도 인간은 자기의 경험만으로 그런 일이 불가능하다고 생각합니다. 분명한 사실은 하나님의 세계에서는 시간과 공간을 초월하여 모든 일이 동시적으로 일어난다는 것입니다.

> 그분은 진리의 영이시다. 세상은 그분을 볼 수도 없고 알 수도 없기 때문에 그분을 받아들일 수가 없다. 그러나 너희는 그분을 안다. 그분이 너희와 함께 계시고 또 너희 안에 계실 것이기 때문이다(요 14:17).

이 말씀에서도 세 가지 사실을 발견할 수 있습니다. 첫째, 보혜사 성령님은 진리의 영이시라는 것입니다. 인간은 오류와 모순투성이지만, 성령 하나님은 진리의 영이시므로 오류와 모순이 전혀 없으십니다.

둘째, 세상은 보혜사 성령님을 받아들이지 못한다는 것입니다. 박사 학위를 받았건 인생 경험이 풍부하건 사람의 지식과 지성으로는 하나님을 알 수 없습니다. 세상은 보혜사 성령님을 볼 수도 없고 알 수도 없지만, 우리는 예수님을 통해 성령님을 알고, 하나님을 믿으니 감사할 따름입니다. 2,000년 전 유대 땅에서 33세 된 한 청년의 죽음이 내 구원을 위한 것이었음이 믿어지는 것은 바로 보혜사 성령님의 역사인 것입니다.

셋째, 보혜사 성령님이 영원히 우리와 함께 동행하신다는 것입니다. 예수님을 믿지 않던 사람이 예수님을 믿고 눈물을 흘리며 기도하는 모습을 봅니다. 이성과 상관없이 우리 안에 계시는 성령님으로 인해 "아멘" 하고 화답하는 것입니다. 좋은 메시지를 들으면 기쁨이 솟아나는 것도 성령님의 역사입니다.

그리스도인은 크게 세 번 놀란다고 합니다. 하나님이 한 사람 한 사람을 개인적으로 깊이 사랑하신다는 사실을 깨달을 때, 예수님이 온 인류의 죄 문제를 해결하기 위해 십자가에 못 박혀 죽으셨다는 사실을 받아들일 때, 성령님이 우리와 영원히 함께하신다는 사실을 알게 될 때 놀랍니다.

자기 가슴에 손을 얹어 보십시오. 그 속에 아무것도 없는 것 같습니까? 분명히 성령님이 계십니다. 그분은 우리 찬양을 받으시고, 기도를 들으시며 예배를 받으십니다. 그리고 우리에게 기쁨을 주시고, 위로를 주시며, 위기를 만났을 때 넘어갈 힘과 지혜를 주십니다. 우리는 성령님을 체험적으로 느낄 수 있습니다.

어느 날, 설교 준비를 하다가 깜빡 잠이 들었습니다. 일어나 보니 아내가 설교 노트에 이렇게 짧은 편지를 남겨 놓았습니다.

"사랑하는 목사님, 깊은 밤에 홀로 설교 준비 하느라 수고가 많습니다. 건강을 위해 기도합니다."

성령님이 아내를 통해 내게 사랑을 전달해 주신 것이라 믿습니다.

성령님 안에 내가 있고, 성령님이 내 안에 계시면 근심과 걱정이 힘을 잃고, 두려움이나 불안감이 사라집니다. 이것이 보혜사 성령님의 역사이며, 주님의 기적과 축복은 이런 식으로 찾아옵니다.

〈영적 전쟁〉의 저자 딘 셔먼(Dean Sherman)은 "하나님이 우리를 사랑해서 구원하신 것과 예수님이 우리를 위해 십자가에 못 박혀 죽으신 것과 성령님이 우리와 함께 계시는 것을 믿음으로 선포하라"고 권면합니다. 보혜사 성령님은 우리를 떠나지 않으시며 영원히 함께하실 것입니다.

보혜사 성령님은 진리의 영이시니 우리는 성령님을 충분히 알고 체험해야 합니다. 그리고 그 세미한 음성에 귀 기울여야 합니다. 마음가짐을 경건히 하여 성령님의 음성 듣기를 고대한다면, 얼마든지 들을 수 있습니다. 경건한 태도는커녕 믿음도 없으니 아무것도 듣지 못하는 것입니다. 그러나 하나님은 이미 우리에게 하나님의 음성을 들을 수 있는 축복을 주셨습니다.

믿음과 성령 체험의 실례

내가 예수님을 믿었을 때와 성령님을 체험했을 때를 비교해 보면, 상당한 차이가 있습니다. 어릴 때부터 예수님을 믿었으므로 교회 생활에는 워낙 익숙해 있었지만, 꽤 오랫동안 성령님을 체험하지 못한 상태로 있었습니다.

그런데 성령님을 체험하고 나자 모든 것이 달라졌습니다. 가장 먼저 느낀 것은 성령님의 큰 힘입니다. 말로 형용할 수 없는 큰 힘을 느낄 수 있었는데, 찬송을 부르거나 기도할 때 예전과 다른 능력으로 나타났습니다. 그러더니 성령님이 나를 회개로 인도하셨습니다. 그리고 성령님을 체험한 뒤로 귀신들이 보이기 시작했습니다. 그전에 는 볼 수 없었던 더러운 정욕과 귀신들의 활동이 보이기 시작한 것입니다.

성령님을 체험하고 난 뒤 가장 놀라웠던 변화는 예수님을 더욱 더 사랑하게 되었다는 것입니다. 예전에는 삼위일체에 관해 무감각했었는데, 지금은 삼위일체의 진리가 가슴에 사무칩니다. 진리는 머리로 아는 것이 아니라 가슴으로 이해하는 것이라는 사실을 깨달았습니다. 인간의 죄성과 육체의 본능이 무엇인지를 가슴으로 이해하게 되었습니다.

성령으로 말미암아 인간이 불완전하고 연약한 존재라는 사실과 인간의 한계를 인정하고 나니 질병과 죽음이 두렵지 않습니다. 나는 미숙하고 불완전한 인간이지만, 그 사실이 별로 중요하게 여겨지지 않습니다. 내 안에 성령님이 계시므로 모든 것이 안심됩니다. 실수를 저지르는 한이 있어도 주님의 일을 밀고 나가겠다는 담대함마저 생겼습니다. 모두 성령님의 역사 덕분입니다.

나는 너희를 고아처럼 내버려 두지 않고 너희에게 다시 오겠다
(요 14:18).

예수님이 우리와 함께하시므로 우리는 더 이상 고아가 아닙니다. 어떤 사람은 우주의 고아처럼 삽니다. 온갖 고민을 혼자 다 짊어지고 있는 것처럼 보입니다. 그러나 속지 마십시오. 고독은 원래 우리 것이 아닙니다. 불안이나 소외감이나 허무함도 우리와 아무 상관이 없습니다. 그리스도 안에 있는 우리에겐 오직 기쁨과 감사와 찬양과 승리와 축복과 믿음이 있을 뿐입니다.

예수님은 우리를 고아처럼 내버려 두지 않고 꼭 다시 오겠다고 약속하셨습니다. 십자가에 못 박혀 죽으심으로써 제자들을 떠나실 테지만, 보혜사 성령님을 보내어 위로해 주실 것입니다.

> 조금 있으면 세상은 나를 보지 못하겠지만 너희는 나를 볼 것이다. 내가 살아 있고 너희도 살 것이기 때문이다(요 14:19).

이제 예수님은 십자가를 향해 나아가실 것입니다. 십자가에 못 박혀 죽으시면, 세상은 예수님을 다시 보지 못할 것이라고 말씀하십니다. 그러나 영적으로 살아 있는 제자들은 부활하신 예수님을 다시 보게 될 것입니다.

> 그날에 너희는 내가 내 아버지 안에 있고 너희가 내 안에 있으며 내가 너희 안에 있음을 알게 될 것이다(요 14:20).

예수님이 말씀하시는 "그날"은 십자가에서 죽으셨다가 부활하시어 승천하신 뒤를 가리킵니다. 즉 오순절에 보혜사 성령님이 강림하실 때를 말합니다. 그때 성령님과 접속하는 은혜가 임할 것입니다. 예수님이 하나님 안에, 우리는 예수님 안에, 예수님이 우리 안에 거하시는 접속이 이뤄지는 것입니다.

포도나무에서 가지가 떨어져 나가면 곧 말라 버리고 맙니다. 그러나 가지가 포도나무에 붙어 있으면, 많은 열매를 맺습니다. 그러므로 우리는 포도나무 되시는 하나님께 꼭 붙어 있어야 합니다.

> 누구든지 내 계명을 가지고 지키는 사람은 나를 사랑하는 사람이다. 나를 사랑하는 사람은 내 아버지의 사랑을 받을 것이고 나 또한 그 사람을 사랑하고 그 사람에게 나를 나타낼 것이다(요 14:21).

우리 안에 성령님이 계신다면, 우리가 해야 할 일은 말씀을 붙잡는 것입니다. 예수님은 "너희가 나를 사랑한다면 내 계명을 지킬 것이다"(요 14:15)라고 말씀하셨습니다. 따라서 성령 충만과 하나님의 말씀은 비례하는 것입니다. 우리 안에서 성령님이 역사하신다면, 하나님의 말씀을 굳게 붙잡아야 합니다. 모든 성도는 하나님의 말씀을 굳게 붙잡아 말씀에 순종하는 사람이 되어야 합니다.

성만찬은 예수님의 살과 피를 기념하는 것입니다. 예수님의 살과 피에 접속되는 축복을 누리길 바랍니다. 그럼으로써 "만일 너희가 내 안에 있고 내 말이 너희 안에 있으면 너희가 원하는 것이 무엇이든지 구하라. 그러면 그대로 이루어질 것이다"(요 15:7)라는 하나님의 축복을 체험하길 축원합니다.

11

평안을 너희에게
끼치노라

요한복음 14:22-31

진리를 지켜 하나님의 사랑을 입다

요한복음 13장과 14장은 네 명의 제자가 나서서 예수님께 질문하는 것으로 시작합니다. 베드로와 도마와 빌립에 이어 네 번째로 가룟 사람이 아닌 유다가 등장합니다.

> 그러자 가룟 유다가 아닌 다른 유다가 말했습니다. "주여, 주께서 우리에게는 자신을 나타내시고 세상에는 자신을 나타내지 않으시는 까닭이 무엇입니까?"(요 14:22).

"가룟 유다가 아닌 다른 유다"는 예수님의 말씀이 이해되지 않는다는 듯 질문합니다. 앞서 세 명의 제자가 질문한 것에 예수님이 대답해 주셨지만, 그래도 이해가 안 되고 확신이 서지 않는다는 뜻입니다.

이것은 신앙생활을 하는 모든 사람의 고민이기도 합니다. 설교를 많이 듣고, 기도도 많이 하는데 도무지 시원하지가 않습니다. 말씀을 많이 아는 것 같은데도 도통 맥이 잡히지 않습니다. 어느 날은 성령 충만하여 찬송을 부르다가도 또 어느 날은 인생의 허무함에 마음이 무너지고 기분이 곤두박질칩니다. 믿음이 오락가락하는 것입니다. 믿음이 굳게 서지 못하니 위기나 시련이 닥치면 금세 의심하고 부인하고 맙니다.

베드로, 도마, 빌립, 가룟 유다가 아닌 다른 유다와 마찬가지로 우리도 믿음과 의심 사이에서 왔다 갔다 하며 질문하곤 합니다.

> 예수께서 그에게 대답하셨습니다. "누구든지 나를 사랑하는 사람은 내 말을 지킬 것이다. 그러면 내 아버지께서 그 사람을 사랑하실 것이요, 아버지와 내가 그 사람에게로 가서 그와 함께 살 것이다"(요 14:23).

진리는 보편성과 동시에 배타성을 가졌습니다. 특히 천국의 진리는 모든 사람에게 골고루 적용되는 보편성이 있습니다. 그래서 예수님을 믿는 사람이나 믿지 않는 사람이나 모두 알아들을 수 있습니다.

그러나 한편으로는 특정한 사람들만 제한적으로 이해할 수 있는 배타성도 있습니다. 세상 사람들은 성경을 세계적인 베스트셀러로 꼽지만, 그렇다고 그들이 성경을 다 읽거나 이해하는 것은 아닙니다. 하나님을 믿는 사람들이나 성경을 이해하고 믿을 수 있습니다. 하나님을 믿지 않는 사람들에겐 성경이 하나의 신화나 문서에 불과하기 때문입니다. 그러니 그들이 보기에 성경은 이해할 수 없는 이야기들로 가득 찬 책입니다.

성경 말씀은 예수님을 구세주로 믿고 받아들이는 사람들에게는 큰 감동뿐 아니라 큰 능력까지도 부어 주지만, 믿지 않는 사람들에게는 아무런 작용도 하지 않습니다. 예수님을 사랑하는 사람만이 진리의 말씀을 받아먹을 수 있습니다.

> 나를 사랑하지 않는 사람은 내 말을 지키지 아니한다. 너희가 듣고 있는 이 말은 내 말이 아니라 나를 보내신 아버지의 말씀이다 (요 14:24).

예수님을 사랑하지 않는 사람은 그 말씀을 도무지 이해할 수 없기 때문에 받아들이지 않고, 지키지도 않습니다. 마치 "돌밭에 떨어진 씨"(마 13:20)처럼 예수님의 말씀을 들어도 깨닫지 못하는 것입니다.

보혜사는 진리의 영이시다

우리가 듣는 말씀은 예수님을 이 땅에 보내신 하나님 아버지의 말씀입니다. 세상 사람들이 진리의 말씀을 거절하는 이유는 예수님이 하시는 말씀이 궁극적으로 하나님의 말씀이기 때문입니다. 그들은 진리를 모르므로 하나님의 말씀을 적극적으로 거부합니다.

불의한 사람은 진리를 배척합니다. 그들은 진실한 사람들의 옆에 있는 것조차 싫어합니다. 그 이유는 자신들의 거짓이 모두 드러나기 때문입니다. 불의는 진리를 좋아하지 않습니다. 그들이 하나님을 싫어하는 이유는 그 마음이 죄와 사탄의 세력으로 가득하기 때문입니다.

돌덩이를 들추면 그 밑에 숨어 있던 지렁이가 햇빛을 피해 꿈틀거리며 도망가듯이 어둠의 세력에 길들여진 사람들은 빛이 비추면 당황하여 어쩔 줄 몰라 합니다. 그래서 죽을힘을 다해 다시 어둠 속으로 숨어 들어가는 것입니다. 진리에 노출되지 않으려고, 은혜의 빛으로 나오지 않으려고 몸부림치는 것입니다. 그들은 오히려 어둠을 더 좋아합니다.

요즘 유행하는 영화들을 보면, 세상은 갈수록 포르노나 폭력물에 더 빠져드는 것 같습니다. 사람들의 내면에 그런 성향이 가득하기 때문입니다. 겉으로 드러나진 않지만, 내면에 쓰레기 같은 인격과 지저분한 생각이 가득하기 때문에 그런 것들을 은근히 즐기는 것입니다. 그러나 빛 가운데서 진리와 함께 있는 사람들은 불의한 것을 좋아하지 않습니다.

어떻게 하면 예수님의 말씀을 듣고, 하나님을 향한 믿음을 가질 수 있을까요? 예수님은 너희가 정말로 하나님의 말씀을 듣고 빛에 거하기를 원한다면, "성령"을 받으라고 말씀하십니다. 어둠에서 떠나 더 이상 죄를 짓지 않는 데서 그치지 않습니다. 성령을 받아야 합니다.

성령님이 임하시면, 자연스럽게 어둠에서 떠나 죄를 멀리하게 됩니다. 그럼으로써 능력 있는 삶을 살게 됩니다. 그러니 죄를 짓지 않으려고 애쓰기에 앞서 성령부터 받으라는 말씀입니다.

요한복음 14장의 핵심 메시지는 보혜사 성령님에 관한 것입니다. 예수님은 빌립의 질문을 통해 보혜사 성령님에 관해 처음으로 언급하십니다.

내가 아버지께 구할 것이니 아버지께서 너희에게 다른 보혜사를 보내셔서 너희와 영원히 함께 있도록 하실 것이다. 그분은 진리의 영이시다. 세상은 그분을 볼 수도 없고 알 수도 없기 때문에 그분을 받아들일 수가 없다. 그러나 너희는 그분을 안다. 그분이 너희와 함께 계시고 또 너희 안에 계실 것이기 때문이다(요 14:16-17).

가룟 유다가 아닌 유다의 질문을 통해서는 보혜사 성령님에 관해 두 번째로 말씀하십니다.

이런 말은 내가 너희와 함께 있을 때 말했다. 그러나 보혜사, 곧 아버지께서 내 이름으로 보내실 성령께서 너희에게 모든 것을 가르쳐 주실 것이며 내가 너희에게 말한 모든 것을 생각나게 하실 것이다(요 14:25-26).

예수님이 보혜사 성령님에 대해 짧고 분명하게 정의해 주십니다. 보혜사란 '하나님 아버지께서 예수님의 이름으로 보내 주시는 성령'입니다. 기독교가 오늘날 2,000년의 역사를 가지게 된 것은 다 성령님 덕분입니다. 보혜사 성령님이 진리를 지키시고, 사람들을 변화시키시며 교회를 세우게 하신 덕분입니다.

보혜사 성령님은 진리의 영이십니다. 그동안 세상의 수많은 학문 이론과 과학과 철학과 이념이 끊임없이 기독교를 공격해 왔고, 지금도 공격하고 있지만, 오늘날 기독교가 역사의 중심에 있는 것은 바로 보혜사 성령님의 인도하심이 있었기 때문입니다.

그런데 아직도 수많은 그리스도인과 교회들이 성령님을 무시하고 있으니 놀랍습니다. 성령님을 부인하진 않지만, 자신들의 방식대로 성령님의 능력을 제한해 버립니다. 그럼으로써 한국 교회에 위기가 닥쳤다고도 말할 수 있습니다.

성경에 기록된 대로, 우리는 성령님을 믿고 체험하며 선포해야 합니다. 그때 기독교의 본질이 드러납니다. 과거에 성령님을 체험한 성도들은 더욱 새롭게 체험하길 바랍니다. 성령님을 체험하지 못한 사람은 목마른 사슴이 시냇물을 찾아 갈급함과 같이 간절히 사모할 수 있기를 축원합니다.

방언이나 예언하기를 기도하고, 능력을 구하며 은사가 임하기를 기도하십시오. 그것은 너무나 아름답고 좋은 일이기 때문입니다. 이성으로 기도하고, 머리로 사고하는 육의 상태에서 벗어나 영적 그리스도인으로 변화되기를 축원합니다.

하나님 아버지께서 예수 그리스도의 이름으로 보내시는 성령님을 받고, 그 안에서 신앙생활을 할 때, 성경에 기록되어 있는 모든 사실을 실제로 경험하게 될 것입니다. 평소 다른 사람을 미워하고 화를 잘 내던 사람도 성령님의 임재를 경험하면, 이웃을 사랑하게 되고 항상 웃는 얼굴로 바뀔 것입니다. 불평이 많고 실수가 잦던 사람도 성령을 체험하고 나면 모든 면에서 여유로워지고, 위기에 처해서도 예수님을 의지할 줄 알게 됩니다.

성령님이 모든 것을 가르쳐 주신다

성령님이 임하시면, 우리는 두 가지를 경험하게 됩니다. 하나는 성령님이 모든 것을 가르쳐 주시고 깨닫게 해 주신다는 것입니다. 성령님은 한마디로 가르치는 영이십니다. 성령 체험이 있으면, 기적이나 부활의 진리가 이해됩니다. 보혜사 성령님의 사역은 진리의 말씀을 깨닫고 이해하도록 인도하시는 것입니다.

다른 하나는 성령님이 예수님이 하신 말씀을 자꾸 생각나게 하신다는 것입니다. 어떤 사람은 늘 말씀을 기억하려고 하지만, 설교 시간에 목사님이 뭐라고 했는지, 성경 말씀을 읽긴 했는데 도통 생각나지 않는다고 말합니다. 또 어떤 사람은 하나님의 말씀이 항상 생각난다고 말합니다. 이것은 아이큐나 기억력이나 추리력과는 상관없습니다. 성령님이 임하시면, 하나님의 말씀이 줄줄 생각나게 마련입니다.

　성령님은 우선적으로 신 구약 성경의 영적 진리를 깨닫게 도와주십니다. 그리고 나서 예수님이 말씀하신 것을 모두 생각나게 도우십니다. 다른 것은 생각나지 않더라도 예수님의 말씀이 샘솟듯 머릿속에 떠오른다면 얼마나 좋겠습니까! 어떤 어려움에 부딪혀도 "두려워하지 마라. 내가 너와 함께 있다. 걱정하지 마라. 나는 네 하나님이다. 내가 너를 강하게 하고 너를 도와주겠다. 내 의로운 오른손으로 너를 붙들어 주겠다"(사 41:10)는 말씀이 생각난다면, 힘을 얻을 것입니다.

　사도 바울은 유라굴로 광풍을 만나 죽게 되었을 때, 예수님 말씀을 기억했습니다. 광풍으로 인해 배가 파선당할 위기에 처해도 하나님의 음성을 들으면 살 수 있습니다. 사업을 하다가 부도가 나서 가정과 회사가 풍비박산이 나고 이리저리 쫓겨 다녀도 하나님의 말씀을 기억한다면 살게 됩니다.

　암에 걸려 의사로부터 가망이 없다는 진단을 받게 되더라도 근심하지 않고 하나님의 말씀을 믿으며 예수님께 의지한다면, 살아날 수 있습니다. 자식들이 위기 상태에 빠져 있고, 부부 사이는 이혼 직전에 있더라도 하나님의 말씀을 생각한다면, 모든 문제를 해결할 수 있습니다. 전쟁 중이나 고난 중에도 하나님의 말씀을 생각하면, 평안을 얻을 수 있습니다.

내가 너희에게 평안을 주고 간다. 곧 내 평안을 너희에게 준다. 내가 주는 평안은 세상이 주는 것과 같지 않다. 너희는 마음에 근심하지 말고 두려워하지 말라(요 14:27).

이 말씀이 성령님에 관한 최종 결론입니다. 성령님이 임하시면, 우리에게 모든 것을 가르쳐 주시고, 순간마다 예수님이 하신 말씀들을 생각나게 하실 뿐만 아니라 우리에게 "평안"을 주신다는 사실이 중요합니다. 두려움에 흔들리던 마음이 위에서 내려오는 평안으로 덮이는 체험을 하는 것입니다.

예수님이 주시는 평안은 세상이 주는 것과 다르다고 말씀하십니다. 예수님의 평안에는 네 가지 특성이 있습니다.

첫째, 순간적이지 않고 영원한 평안입니다. 잠시 있다가 사라지는 것이 아닙니다. 조건이 좋을 때 생기고, 나쁠 때 사라지는 것이 아닙니다. 둘째, 영적인 평안입니다. 셋째, 내면적인 평안입니다. 넷째, 완전한 평안입니다.

그와 반대로, 세상이 주는 평안에도 네 가지 특징이 있습니다.

첫째, 짧고 순간적입니다. 둘째, 물질적이고 육적입니다. 셋째, 외면적입니다. 넷째, 불완전합니다.

우리는 예수님의 평안을 경험하고, 소유해야 합니다. 인생에 위기가 닥쳐도 주님의 평안을 유지하고 있어야 합니다. 그러면 예수님이 우리를 지켜 주실 줄로 믿습니다. 예수님은 "너희는 마음에 근심하지 말라. 하나님을 믿고 또 나를 믿으라"고 말씀하셨습니다.

예수님의 평안이 함께하시길 축원합니다. 성령님이 임하시어 진리의 말씀을 깨닫게 해 주시고, 예수님의 말씀을 생각나게 해 주시길 축원합니다. 하나님의 말씀이 우리를 지배할 때, 예수님이 주시는 평안이 우리를 다스리게 될 것입니다.

3부

참 열매 맺는 기쁨

요한복음 15:1 - 16:4

예수님의 제자가 되는 표시로 하나님 말씀이 그 안에 거하시는 것입니다.
또 요한복음 13장 35절에서 "너희가 서로 사랑하면
이로써 모든 사람들이 너희가 내 제자임을 알게 될 것이다"라고
말씀함으로써 서로 사랑하는 것이 예수님의 제자임을 표시하는 일입니다.
그리고 많은 열매를 맺는 것이 예수님의 제자임을 표시하는 일입니다.

12

하나님의
가지치기

요한복음 15:1-4

농부 하나님과 포도나무 예수님

사랑과 행복과 축복은 어디에서 시작될까요? 하나님으로부터 비롯됩니다. 그러면 우리는 무엇을 통해 사랑과 행복과 축복을 누리게 됩니까? 바로 관계를 통해서입니다.

인간은 관계를 떠나서는 존재할 수 없습니다. 남녀 관계, 부모와 자식 관계, 친구 관계, 직장 동료 관계, 스승과 제자 관계 등 수많은 관계 속에서 살아갑니다. 관계가 생기면 친밀해지고, 관계가 깨어지면 멀어집니다.

관계가 좋으면 좋은 감정이 생겨납니다. 사랑이 생기고, 행복해집니다. 부부 관계가 좋으면 가정이 행복합니다. 부모 자식 간에 관계가 좋으면 집안이 화목합니다. 반대로 관계가 멀어지면, 서로 얼굴을 붉히는 일이 잦아지고 급기야 미워하게 됩니다. 관계가 깨어지면, 불행해집니다.

수많은 관계 중에서 으뜸은 하나님과 인간의 관계입니다. 하나님과의 관계가 깨어지면, 인생이 깨진 것이나 다름없습니다. 반대로 하나님과의 관계가 회복되면 인생이 회복되는 것입니다. 그러므로 하나님과 반드시 화목해야 합니다.

세상에는 부모가 있어도 부모와 연락하지 않고 사는 사람들이 있습니다. 법적인 관계만 있을 뿐, 감정적으로는 아무런 교류도 하지 않는 관계도 있습니다. 마찬가지로 교회에 다니고 하나님을 잘 믿는 것 같지만, 하나님과 아무 상관없이 사는 사람이 있습니다. 그런 사람은 불행합니다. 살수록 인생이 비참해집니다.

구원이란 무엇일까요? 하나님과 나 사이의 깨어진 관계를 회복하는 것입니다. 믿음은 곧 깨어진 관계가 회복되는 것입니다.

예수님이 하나님 아버지와의 관계가 얼마나 중요한지에 관해 말씀하십니다.

나는 참 포도나무요 내 아버지는 농부시다(요 15:1).

포도나무 비유입니다. 왜 예수님은 불쑥 포도나무 이야기를 꺼내셨을까요? 관계를 설명하기 위해서입니다. 예수님이 참 포도나무라면, 하나님은 농부라는 것입니다.

예수님은 요한복음에서 "참"이라는 단어를 여러 번 쓰셨습니다. 1장 9절을 보면, "참 빛"이라는 단어가 나옵니다. 참 빛이신 예수님이 세상에 오셨습니다. 예수님은 자기 자신을 "참된 빵"(요 6:32)에 비유하기도 하셨습니다.

예수님은 하나님과의 관계를 설명하기 위해 포도나무 비유를 선택하셨습니다. 이것은 우리와 예수님과의 관계를 설명해 주기도 합니다. 농부가 하나님이라면, 예수님은 포도나무요, 우리는 가지입니다. 이것이 하나님과 예수 그리스도와 우리의 관계입니다. 이 관계가 잘 되어 있으면 포도나무에 열매가 주렁주렁 열리고, 농부의 마음도 기쁨으로 가득 찰 것입니다.

이스라엘 백성은 포도나무를 예로 들어 설명하면 금방 알아듣습니다. 그들은 올리브나무, 무화과나무, 포도나무 등에 익숙해 있기 때문입니다.

포도나무를 조금 더 관찰해 보겠습니다. 포도나무 하면, 사람들은 나무를 먼저 떠올릴까요? 아니면 열매를 먼저 떠올릴까요? 열매입니다. 포도나무 자체는 볼품이 없습니다. 사람들이 포도나무를 좋아하는 이유는 탐스럽고 맛있는 열매가 주렁주렁 매달리기 때문입니다. 포도나무 가까이에만 가도 단내가 납니다.

바로 예수님이 그런 분입니다. 포도나무와도 같습니다. 예수님은 겉보기에 볼품이 없어도 풍성한 열매를 맺으십니다. 예수님이 자신을 포도나무에 비유하신 것은 매우 상징적인 의미가 있습니다. 예수님은 "내가 온 것은 양들이 생명을 얻게 하되 더욱 풍성하게 얻게 하려는 것"(요 10:10)이라고 말씀하셨습니다.

믿음의 수준만큼 가지 치신다

포도나무에게 있어서 중요한 것은 농부입니다. 농부가 관리하는 나무와 산에서 마구 자라는 나무는 하늘과 땅만큼이나 차이가 납니다. 예수님은 농부 하나님이 잘 가꾸신 포도나무입니다. 열매가 주렁주렁 열리는 풍성한 나무이십니다.

> 내게 붙어 있으면서도 열매를 맺지 못하는 가지는 아버지께서 다 자르실 것이요, 열매를 맺는 가지는 더 많은 열매를 맺도록 깨끗하게 손질하신다(요 15:2).

포도나무와 농부에 이어 가지가 등장합니다. 포도나무에 붙어 있는 이 가지는 누구를 가리키는 것일까요? 바로 예수 그리스도를 따르는 제자들을 가리킵니다. 세상 사람들을 가리켜 가지라고 하지는 않습니다. 나무와 관계가 있어야만 가지라고 부를 수 있기 때문입니다.

가지는 저 혼자 독립해서 존재할 수 없습니다. 이것이 그리스도인의 본질입니다. 그리스도인은 포도나무 가지처럼 스스로 존재하지 못합니다. 가지가 나무에서 독립하면, 생명을 유지할 수 없습니다. 나무를 벗어난 가지는 불쏘시개에 불과합니다. 아무런 의미가 없습니다. 나무에 붙어 있는 가지라야 열매를 맺습니다.

그런데 이 구절을 조금 더 깊게 살펴보면 재미있는 사실을 발견합니다. 나무에 붙어 있다고 다 가지가 아니라는 것입니다. 나무에 붙어 있어도 잎만 무성한 가지가 있을 수 있다는 것입니다. 잎이 무성해서 열매를 맺을 것도 같은데, 막상 가 보면 가지에 열매가 없는 것입니다. 이런 경우에 농부는 인정사정 볼 것 없이 가지를 쳐 버립니다. 이것이 핵심입니다. 나무에 붙어 있다고 해서 다 가지가 아님을 알아야 합니다. 교회에 다닌다고 해서 다 교인이 아니라는 뜻입니다. 하나님의 이름을 부른다고 해서 다 그분의 자녀가 아닙니다. 교회를 10년, 20년 다니고, 목사다 장로다 해도 잎만 무성하고 열매가 없다면, 농부 하나님이 그 가지를 치실 것입니다.

한 가지 더 눈여겨볼 것은 예수님은 가지를 치지 않으신다는 것입니다. 가지를 치는 것은 나무가 아니라 농부입니다. 그래서 예수님께 상처 받는 사람은 없습니다. 예수님은 가지치기를 하지 않으시기 때문입니다.

가지를 사정없이 쳐 내시는 분은 농부 하나님입니다. 농부는 잎만 무성하고 열매를 맺지 못하는 가지를 왜 사정없이 쳐 내는 걸까요? 더 깨끗하고 좋은 열매를 맺게 하기 위해서입니다. 그래서 열매를 맺지 못하는 가지는 잘라 버리는 것입니다.

성경의 영적 원리는 '빈익빈 부익부'입니다. 있는 사람은 더 주시고, 없는 사람은 있는 것까지 빼앗으십니다. 사회주의 논리와는 맞지 않습니다. 이것이 영적 원리입니다. 믿음이 있는 사람은 믿음이 더 생길 것입니다. 믿음이 없는 사람은 불쌍해서 믿음을 주는 것이 아니라 더 없어집니다. 냉혹한 현실입니다. 우리가 하나님을 멀리하면 하나님도 우리를 멀리하십니다.

이것이 하나님의 가지치기입니다. 우리 정서와 맞지 않고, 사회

주의적인 정서와도 맞지 않는 논리입니다. 그런데 여기에 메시지가 있습니다.

첫째, 열매 맺지 않는 가지는 하나님이 사정없이 자르신다는 것입니다. 우리 인생에도 하나님의 가지치기가 있습니다. 하나님은 우리가 좋은 열매를 맺기 원하십니다. 그런데 우리에게 나쁜 습관과 인격이 있다면 하나님은 절대로 그것을 그냥 내버려 두지 않으십니다. 죽지 않을 만큼 치십니다. 나쁜 것이 붙어 있으면, 나중에 온 인격을 망가뜨릴 수 있기 때문입니다. 적당한 때에 하나님이 수술하시는데, 이것이 하나님의 가지치기입니다.

하나님이 가지치기를 하실 때는 원망해서는 안 됩니다. 너무하신다고 말해서도 안 됩니다. 하나님은 아마추어가 아니십니다. 정확한 때에 잘라 내십니다. 실수가 없으십니다. 다른 과실의 양분을 도둑질해 가는 불필요한 가지만 골라서 쳐 내십니다. 이것이 하나님의 가지치기입니다.

예수님은 "도끼가 이미 나무뿌리에 놓여 있다. 그러므로 좋은 열매를 맺지 않는 나무는 모조리 잘려 불 속에 던져질 것이다"(마 3:10)라고 말씀하셨습니다. 농부는 포도나무가 더 많은 열매를 맺을 수 있도록 열매 맺지 못하는 가지를 사정없이 도려 낼 것입니다.

둘째, 하나님의 가지치기에는 몇 가지 원칙이 있습니다. 하나는 감정적으로 함부로 치시지는 않는다는 것입니다. 잘못된 가지만 골라서 가차 없이 치십니다. 그렇게 해서 꼭 필요한 가지들만 남겨 두시는 것입니다. 이것을 희망이라고 합니다.

인생에서 겪는 고통은 하나님의 가지치기 원리로 그 의미를 해석해야 합니다. 왜 고난을 받습니까? 죄 때문에 받을 때가 있습니다. 어떤 사람은 고통을 겪을 때 자신을 욥으로 착각하기도 합니다. 아닙니다. 우리가 욥과 같은 인물이라면 얼마나 좋겠습니까? 우리는 맞아도 싼 짓을 했기 때문에 맞는 것입니다. 의인이기 때문에 고통을 당하는 경우는 극히 드뭅니다.

하나님은 우리가 욥이든 아니든 간에 우리 안에 쓸데없는 거품이나 군더더기가 있으면 가지치기를 하십니다. 그러나 우리가 감당할 수 있을 만큼만 쳐 내십니다. 죽을 것 같으면 안 치십니다. 딱 믿음 수준만큼만 손을 보십니다. 이것이 하나님의 방법입니다.

하나님이 가지치기를 하실 때는 세 가지를 명심해야 합니다. 먼저, 하나님의 손길을 받아들여야 합니다. 가난하면 가난한 대로, 병들었으면 병든 대로, 실직했으면 실직한 대로 자신을 받아들여야 합니다. 가지치기는 하나님이 우리를 새롭게 하시는 작업입니다. 그다음은 인내해야 합니다. 발버둥 치면서 안 하겠다고 고집을 부려봐야 소용없습니다. 순순히 받아들이고 인내해야 합니다. 마지막으로, 감사해야 합니다. 가지치기의 결과는 복이기 때문입니다.

좋은 열매를 맺기 위해

세 번째 메시지는 하나님은 열매를 더 깨끗하고 소중하게 관리하신다는 것입니다. 하나님의 목적은 나를 살리고 복을 주시는 것입니다. 수술은 그 자체로 고통스럽지만, 수술해야만 살릴 수 있기 때문에 하는 것입니다.

성경에서 말하는 열매는 무엇입니까? 크게 두 가지가 있습니다. 하나는 성령의 아홉 가지 열매입니다.

> 그러나 성령의 열매는 사랑과 기쁨과 화평과 오래 참음과 친절과
> 선함과 신실함과 온유와 절제입니다. 이런 것들을 금지할 율법은
> 없습니다(갈 22-23).

우리 인격과 성품에 이런 열매가 맺히기를 축원합니다. 죄의 성품에서 의의 성품으로, 외향적인 성품에서 내면적인 성품으로 바뀌어 육의 열매 대신에 거룩함의 열매를 맺기 바랍니다.

사도 바울은 "그러나 여러분은 그때 무슨 열매를 거두었습니까? 이제 여러분은 그런 일들을 부끄러워합니다. 이는 그것들의 마지막이 죽음이기 때문입니다. 그러나 이제 여러분은 죄에서 해방되고 하나님의 종이 돼 거룩함에 이르는 열매를 맺고 있습니다. 그 마지막은 영생입니다"(롬 6:21-22)라고 말했습니다. 또 이런 말도 했습니다.

그러므로 내 형제들이여, 여러분도 그리스도의 몸으로 인해 율법에
대해 죽은 자가 됐습니다. 이것은 우리가 다른 분, 곧 죽은 자 가운
데서 살아나신 분에게 속해 하나님을 위해 열매를 맺게 하려는 것
입니다. 우리가 육신에 있을 때는 율법으로 인한 죄의 정욕이 우리
지체 속에서 작용해 죽음에 이르는 열매를 맺게 했습니다(롬 7:4-5).

즉 하나님을 위한 열매가 있고, 사망을 위한 열매가 있다는 것입
니다. 예수님을 믿고 구원받았다고 해서 가지의 역할을 다한 것으
로 생각해서는 안 됩니다. 가지는 열매를 맺어야 합니다.
또 하나 생각해야 할 것은 전도의 열매입니다.

지혜로운 사람은 하늘이 밝게 빛나는 것처럼 빛날 것이고 많은 사
람들을 의로 이끄는 사람은 별처럼 영원히 빛날 것이다(단 12:3).
그러므로 너희는 가서 모든 민족을 제자로 삼아 아버지와 아들과
성령의 이름으로 세례를 주고(마 28:19).
너희는 온 세상에 나가서 모든 사람들에게 복음을 전파하라(막 16:15).
그들이 아침 식사를 끝마치자 예수께서 시몬 베드로에게 말씀하셨
습니다. "요한의 아들 시몬아, 네가 이 사람들보다 나를 더 사랑하느
냐?" 베드로가 말했습니다. "예 주여, 제가 주를 사랑하는 것을 주께
서 아십니다." 예수께서 베드로에게 말씀하셨습니다. "내 어린양 떼
를 먹여라." 예수께서 베드로에게 다시 말씀하셨습니다. "요한의 아

들 시몬아, 네가 나를 사랑하느냐?" 베드로가 예수께 대답했습니다. "예 주여, 제가 주를 사랑하는 것을 주께서 아십니다." 예수께서 베드로에게 말씀하셨습니다. "내 양 떼를 쳐라." 예수께서 베드로에게 세 번째로 말씀하셨습니다. "요한의 아들 시몬아, 네가 나를 사랑하느냐?" 예수께서 세 번째 "네가 나를 사랑하느냐?"고 물으시자 베드로가 근심하며 말했습니다. "주여, 주께서는 모든 것을 아십니다. 제가 주를 사랑하는 것을 주께서 아십니다." 예수께서 베드로에게 말씀하셨습니다. "내 양 떼를 먹여라"(요 21:15-17).

그러나 성령께서 너희에게 오시면 너희가 권능을 받고 예루살렘과 온 유대와 사마리아와 땅 끝까지 이르러 내 증인이 될 것이다(행 1:8).

모두 전도에 관한 이야기입니다. 전도는 하나님이 우리에게 주신 영적 열매입니다. 내면에 인격적 열매가 있고, 전도의 열매가 맺힐 때, 하나님이 더욱 복을 주시고, 깨끗하게 하시고, 열매를 더 많이 맺게 하십니다. 그러나 가지에 열매가 없으면 인정사정 볼 것 없이 가지를 쳐 내십니다.

어떻게 해야 열매를 많이 맺는 가지가 될 수 있습니까?

너희는 내가 너희에게 말한 그 말로 인해 이미 깨끗해졌다. 내 안에 머물러 있으라. 그러면 나도 너희 안에 머물러 있을 것이다. 가지가 포도나무에 붙어 있지 않으면 스스로 열매를 맺지 못하는 것처럼 너희도 내 안에 있지 않으면 열매를 맺을 수 없다(요 15:3-4).

우리는 이미 깨끗해졌습니다. 가지가 열매를 맺는 비결은 포도나무에 붙어 있는 것입니다. 그러므로 해답은 하나입니다. 예수님 안에 거하는 것입니다.

그러므로 교회에 나오는 것만으로 위로 받아선 안 됩니다. 교회에서 직분을 맡아 봉사 활동을 열심히 하고, 그로 말미암아 어느 정도 위치에 올랐다 하더라도 안심해서는 안 됩니다. 중요한 것은 열매이기 때문입니다. 풍성한 열매를 맺음으로써 평안이 넘쳐 나고, 풍성한 열매를 맺어 많은 사람에게 기쁨이 되기를 축원합니다

13

열매를 맺는
비결

요한복음 15:5-8

하나님 안에 머물라

농부는 밭에 나가 땀을 흘리며 정성스럽게 과실수를 심고 가꿉니다. 그것은 맛있고 상품 가치가 높은 열매를 풍성하게 맺도록 하기 위함입니다. 예수님은 포도나무의 비유를 들어 이런 사실을 자세히 설명해 주셨습니다. 하나님을 농부로, 예수님을 포도나무로, 우리를 나뭇가지로 비유하셨습니다.

나뭇가지에 필요한 두 가지 필수 요건이 있습니다. 첫째, 나무에 반드시 붙어 있어야 한다는 것입니다. 가지가 스스로 잘난 척하고 나무에서 떨어져 나간다면 한낱 보잘것없는 쓰레기나 불쏘시개로 전락하고 맙니다. 가지는 나무에 붙어 있어야 생명이 유지됩니다.

둘째, 열매를 풍성하게 맺어야 한다는 것입니다. 농부는 열매를 맺지 못하는 나뭇가지를 꺾어 버립니다. 가지는 나무가 공급해 주는 영양분을 받아 많은 열매를 맺어야 합니다.

예수님은 포도나무가 상품으로서 가치 있는 맛있는 열매를 풍성하게 맺을 수 있도록 두 가지를 말씀하십니다.

내게 붙어 있으면서도 열매를 맺지 못하는 가지는 아버지께서 다 자르실 것이요, 열매를 맺는 가지는 더 많은 열매를 맺도록 깨끗하게 손질하신다(요 15:2).

　나무가 과실을 많이 맺게 하려면, 가지치기를 잘해 주어야 합니다. 과실을 맺지 못하는 가지는 다른 가지들을 보호하는 차원에서라도 과감히 잘라 내야 합니다. 이것은 초등학교에서 배우는 사칙연산 중 뺄셈에 해당합니다. 인생에서 불필요한 것은 모두 제거하는 것이 좋습니다. 사치나 향락 같은 거품은 인생에서 제거해야 합니다.

　몸속에 불필요한 것들이 많이 쌓이면, 몸이 무거워지고 혈압이 높아져서 기분이 언짢아집니다. 급기야 성인병에 걸려서 하나님이 주신 아름다운 외모를 서서히 망가뜨려 갑니다.

　나뭇가지나 과일에 해충이 생기면, 약을 쳐서라도 병충해를 막아야 합니다. 또 주변의 잡초나 오염 물질을 제거해 주어야 합니다. 바람이 불거나 폭풍이 닥칠 때, 낙과가 생기지 않도록 보호해 주어야 합니다. 과일끼리 부딪치지 않도록 적당한 간격을 유지할 뿐만 아니라 하나씩 종이로 싸서 좋은 상품이 되도록 관리해 주어야 합니다. 깨끗하고 좋은 열매를 풍성하게 맺으려면 이렇게 관리해야 합니다.

　가지치기를 하고 깨끗이 관리하는 것 외에 또 다른 방법이 있습니다.

나는 포도나무요 너희는 가지다. 그가 내 안에 있고 내가 그 안에 있으면 그 사람은 많은 열매를 맺는다. 나를 떠나서는 너희가 아무것도 할 수 없다. 누구든지 내 안에 있지 않으면 그 사람은 쓸모없는 가지처럼 버려져 말라 버린다. 사람들이 그런 가지들은 모아다가 불 속에 던져 태워 버린다. 만일 너희가 내 안에 있고 내 말이 너희 안에 있으면 너희가 원하는 것이 무엇이든지 구하라. 그러면 그대로 이루어질 것이다. 너희가 열매를 많이 맺으면 내 제자가 되고 이것으로 아버지께서 영광을 받으실 것이다(요 15:5-8).

바로 하나님 안에 머무는 것입니다. 예수님은 그 원리를 이렇게 설명해 주십니다.

내 안에 머물러 있으라. 그러면 나도 너희 안에 머물러 있을 것이다. 가지가 포도나무에 붙어 있지 않으면 스스로 열매를 맺지 못하는 것처럼 너희도 내 안에 있지 않으면 열매를 맺을 수 없다(요 15:4).

여기서 "머물러 있으라"는 것은 세 가지 의미로 생각할 수 있습니다. 첫째, 밖에 있지 말고 안으로 들어오라는 것입니다. 문밖에서 서성거리지 말고, 안으로 들어오라는 것입니다. 교회 밖에서 서성이는 사람들에게 교회 안으로 들어오라는 것입니다. 예수님을 믿는 것도 아니고, 안 믿는 것도 아닌 사람은 열매를 맺을 수 없습니다.

어떤 사람은 항상 방관자처럼 일하며 살아갑니다. 주체가 아닌 객체로, 주인이 아닌 손님으로 살아가는 것입니다. 일반적으로 허무 의식과 함께 이방인의 성향을 보입니다. 이방인의 특징은 한마디로 외로움을 타며 방황하는 것입니다. 이들은 문밖에서 방황만 할 뿐 여간해서는 안으로 들어가지 않습니다.

어떤 사람은 결혼해서 자기 아기까지 낳아 준 아내를 남보다 못하게 여깁니다. 가족이 아프면 마음 아픈 게 인지상정인데, 아내나 남편이나 자녀를 마치 남 대하듯 하는 사람도 있습니다.

또 어떤 사람은 자기가 출석하는 교회를 남의 교회처럼 말합니다. 교회의 실수가 나의 실수이고, 교회의 부족함이 나의 부족함임을 인지하지 못하는 것입니다.

아내나 자녀가 잘못을 저질러도 야단만 칠 게 아니라 그들의 잘못이 곧 가장인 나의 잘못임을 깨달아야 합니다. 아내를 야단치는 남편은 누구입니까? 아내와 전혀 상관없는 사람입니까? 왜 객관적인 척하며 수수방관만 합니까?

한 남자는 한 여자의 남편이요, 한 여자는 한 남자의 아내입니다. 두 사람 사이에서 태어나는 자녀는 그 열매입니다. 따라서 남편이나 아내는 서로에게 방관자처럼 굴어서는 안 됩니다. 방관자의 병이 깊은 사람은 자기 자신에 대해서도 방관하는 자세로 임합니다. 그러나 인생은 다른 사람이 대신 살아 주는 게 아니므로 스스로 책임져야 합니다.

"머물러 있으라"는 말씀은 문밖에서 서성이며 비판하거나 남의 일인 양 방관하지만 말고, 안으로 들어와 적극적인 자세로 참여하라는 의미입니다. 다시 말해서 예수님 안으로 들어와 참여자가 되고 주체적인 주인 의식을 가지라는 뜻입니다.

"머물러 있으라"의 두 번째 의미는 '관계'를 맺으라는 것입니다. 어떤 사람이 내 집에 들어와도 나와는 아무런 관계가 없는 사람일 수 있습니다. 예수님을 믿는다는 것은 그분과 접촉하여 관계를 맺고, 서로 소통한다는 뜻입니다.

만약 서로 다른 공간에 있다면, '머물러 있다'라는 개념은 절대로 성립할 수 없습니다. 문밖에서 문 안으로 들어와 서로 접촉해야만 비로소 관계가 형성됩니다.

세 번째 의미는 쌍방 간 상호 보완적이라는 것입니다. 예수님은 "그가 내 안에 있고 내가 그 안에 있으면 그 사람은 많은 열매를 맺는다"고 말씀하십니다. 여자 없이 남자만 존재할 수 없고, 부모 없이 자식만 존재할 수 없습니다. 아무리 애를 먹이고 속을 썩여도 내 자식이고, 내가 짊어지고 가야 할 십자가인 것입니다. 아무리 힘들게 하는 남편도 내 남편이요 내가 짊어지고 가야 할 십자가입니다.

선생만 있고 제자가 없다면, 교육이 이뤄질 수 없습니다. 목사만 있고 성도가 없다면, 목회라고 할 수 없습니다. 대통령만 있고 국

민이 없다면, 아무리 좋은 정책이 있어도 무용지물입니다. 우리가 주님 안에 머물 때, 주님이 우리 안에 머무십니다.

포도나무와 가지의 비유

나는 포도나무요 너희는 가지다. 그가 내 안에 있고 내가 그 안에 있으면 그 사람은 많은 열매를 맺는다. 나를 떠나서는 너희가 아무것도 할 수 없다(요 15:5).

이 말씀에서 우리는 예수님이 포도나무의 비유를 통해 주시는 세 가지 뜻을 발견합니다. 첫째, 예수님을 떠나서는 아무것도 할 수 없음을 가르쳐 주십니다. 태양을 거부한 식물이 성장하지 못하듯, 부모를 거부한 자녀도 존재할 수 없습니다. 하지만 어리석은 자식은 부모의 존재를 거부하면서 그 얼굴마저 보지 않으려고 집을 떠납니다.

예수님은 "나를 떠나서는 너희가 아무것도 할 수 없다"고 말씀하십니다. 이것은 영적인 가르침입니다. 인간은 하나님 없이 스스로 존재할 수 없습니다.

남자와 여자가 결합하지 않고는 아기를 낳을 수가 없습니다. 따라서 세상에 동성애자만 존재한다면, 인류의 미래는 없는 것입니다. 마찬가지로 사람이 예수님을 거부한다면, 하나님께로 가는 길이 막히고 구원의 길, 축복의 길도 막히게 됩니다.

기독교는 도덕적이고 윤리적이지만, 도덕과 윤리를 위해 존재하는 것은 아닙니다. 기독교가 건강한 세상을 꿈꾸며 사회에 참여하는 것은 사실이지만, 사회 개혁을 위한 시민 운동의 주체는 아닙니다. 기독교가 가는 곳마다 학교와 병원이 세워지고, 고아원과 양로원 등 구제 사업이 일어나지만, 교회가 교육 기관이나 의료 기관이나 구제 기관은 아니라는 사실을 명심해야 합니다.

기독교가 사회 참여나 구제 활동을 하지 않아도 된다는 말이 아닙니다. 다만 사회 참여를 위해 존재하는 것은 아니라는 뜻입니다. 기독교의 존재 목적은 인간의 영혼을 구원하는 것입니다. 기독교는 예수 그리스도를 떠나서는 아무것도 할 수 없고, 아무런 의미도 없습니다. 기독교 말고도 다른 좋은 종교가 많지 않으냐고 말하는 사람이 있습니다. 그것은 기독교에 관해 전혀 모르고 하는 무식한 소리입니다. 기독교의 핵심은 예수님을 떠나서는 아무것도 할 수 없다는 데 있습니다.

누구든지 내 안에 있지 않으면 그 사람은 쓸모없는 가지처럼 버려져 말라 버린다. 사람들이 그런 가지들은 모아다가 불 속에 던져 태워 버린다(요 15:6).

가지가 나무에서 떨어지면 불쏘시개나 쓰레기가 되고 맙니다. 그러나 가지가 나무에 붙어 있으면 날마다 기적을 일으킵니다. 우리는 예수님께 항상 붙어 있음으로써 날마다 기적을 경험할 수 있습니다.

> 만일 너희가 내 안에 있고 내 말이 너희 안에 있으면 너희가 원하는 것이 무엇이든지 구하라. 그러면 그대로 이루어질 것이다(요 15:7).

예수님이 포도나무의 비유를 통해 주시는 두 번째 뜻은 예수님으로 인해 날마다 기적을 경험하게 된다는 것입니다. 주님이 내 안에, 내가 주님 안에 있음으로써 기적이 일어납니다. 나는 기적을 일으키는 주체가 아니지만, 예수 그리스도께서 초월적인 삶을 주시므로 날마다 기적을 경험합니다. 나는 한계가 있는 존재이지만, 주님은 무한하신 존재입니다. 나에게는 불가능이 있지만, 주님에겐 불가능이 없습니다. 나는 실수가 많지만, 주님은 완전하십니다. 나는 사람들에게 상처를 주지만, 주님은 누구에게도 상처를 주시는 일이 없습니다.

주님이 내 안에 계시면, 나의 부족함이 채워집니다. 나의 약함이 강해지고, 나의 미련함이 지혜로 바뀝니다. 주님이 내 안에 계시다는 것은 주님의 말씀이 내 안에 있다는 뜻입니다. 따라서 주님 안에 머무는 자는 하나님의 말씀을 사모하게끔 됩니다. 하나님 말씀을 먹고 그대로 순종합니다.

언젠가 태풍이 몰아칠 때, 제주도에 간 적이 있습니다. 수술을 받기 전에 CBMC(Christian Business Men's Committee, 기독실업인회)에서 주관하는 제주 집회의 주 강사를 맡기로 약속했기 때문입니다. 3,500명이 등록한 집회였습니다. 둘째 날에는 예수님을 믿지 않는 제주 실업인 700명을 초청했습니다. 1,000명에게 편지를 보냈는데 700명이 참석했으니 대단한 일입니다. 그래서 그들에게 전도 설교를 했습니다.

집회 마지막 날, 새벽 집회가 거의 끝나갈 무렵에 중국에서 온 CBMC회원 35명을 만났습니다. 그들 중에 예수님을 믿지 않는 몇몇 사람이 동행하고 있었습니다. 그들이 둘째 날 설교를 듣고는 세례를 받기로 결심했노라고 고백하는 순간, 나는 큰 충격을 받았습니다. 설교가 끝난 자리에서 세례를 받겠다고 결심한 사람은 처음 봤기 때문입니다.

이처럼 주 안에 머문다는 것은 우리 안에 주님의 말씀이 머문다는 뜻입니다. 중국인 회원들은 말씀을 들을 때, 주님이 그들 마음속에 들어오시는 것을 느꼈고, 그렇게 주님을 경험했습니다.

목사로서 이처럼 기쁜 일은 없습니다. 모든 집회를 마치고, 중국인 일곱 명에게 세례를 주려는 데 물이 없었습니다. 그때 누군가 종이컵에 물을 받아 왔습니다. 그 물을 조금 넓은 접시에 옮겨 담아서 세례를 베풀었습니다. 물이 많지 않아서 아껴 가며 세례를 주었습니다.

그들은 세례 받은 사실이 발각되면, 중국 본토에서 쫓겨난다는 사실을 잘 알고 있었고, 그래서 단단히 각오하고 있었습니다. 처음에 그들은 예수님 믿기를 두려워했지만, 말씀이 그들 안으로 들어가자 담대하게 공개적으로 세례를 받았습니다. 참으로 감동적인 장면이었습니다. 겨우 한 시간 정도 설교했을 뿐인데, 설교를 듣고 밤새 세례를 받겠다고 결심한 것을 보면서 주님이 사람 안에 거하신다는 것이 이런 것이구나 하고 깨달았습니다.

열매는 하나님의 영광과 제자 됨의 표시다

주님 안에 머문다는 말은 기도의 능력이 나타난다는 뜻입니다. "무엇이든지 원하는 대로 구하라 그리하면 이루리라"고 말씀하시기 때문입니다.

이 말씀을 읽을 때마다 '잘못 구하면 어떡하지? 이기적으로 구하면 어떡하지?'라는 생각을 하곤 합니다. 그러나 말씀을 자세히 읽어 보면, 주님의 말씀이 내 안에 있으면, 사사로운 욕심이나 이기심으로는 구할 수 없게 된다는 사실을 알게 됩니다. 말씀이 우리 안에 들어오면, 주님이 기뻐하시고 원하시는 기도를 하게 됩니다. 주님이 원하시는 기도를 드리게 될 때, 우리가 무엇을 구하든지 그대로 이루어질 것입니다. 그래서 날마다 기적을 체험하게 되는 것입니다.

예수님이 포도나무의 비유를 통해 주시는 세 번째 뜻은 다음 구절을 보면 알 수 있습니다.

너희가 열매를 많이 맺으면 내 제자가 되고 이것으로 아버지께서
영광을 받으실 것이다(요 15:8).

가지가 열매를 많이 맺어야 하는 데는 두 가지 이유가 있습니다. 하나님께 영광을 돌리고, 예수님의 제자임을 증명하기 위해서입니다.

열매는 하나님의 영광을 나타냅니다. 하나님의 관심은 우리가 예수 그리스도 안에서 풍성한 열매를 맺는 데 있습니다. 우리가 많은 열매를 맺으면 맺을수록 농부 하나님이 기뻐하십니다. 그러나 열매를 맺지 못하면 어떻게 됩니까? 농부 하나님이 가지를 잘라 버리실 것입니다.

또 우리가 열매를 맺으면, 그것으로 우리가 예수 그리스도의 제자임을 나타낼 수 있습니다. 이와 관련하여 예수님이 이렇게 말씀 하셨습니다.

예수께서 자기를 믿게 된 유대 사람들에게 말씀하셨습니다. "만
일 너희가 내 말대로 산다면 너희는 참으로 내 제자들이다. 그리

고 너희는 진리를 알게 될 것이며 진리가 너희를 자유롭게 할 것이다"(요 8:31-32).

하나님의 말씀이 자기 안에 있는 사람은 예수님의 제자입니다. 또 예수님은 "너희가 서로 사랑하면 이로써 모든 사람들이 너희가 내 제자임을 알게 될 것"(요 13:35)이라고 말씀하셨습니다. 서로 사랑하는 모습에서 예수님의 제자임이 드러난다는 뜻입니다. 그리스도의 제자가 성령으로 충만하여 많은 열매를 맺으면, 하나님이 기뻐하시며 영광을 받으십니다. 그러므로 우리는 예수님 안에 머물러야 합니다. 그러면 예수님이 우리 안에 머무실 것입니다.

하나님께 자신을 내어 드려 불필요한 것들을 가지 쳐 주시기를 구하십시오. 잘못된 습관이나 성격이나 사고방식 등이 모두 쳐 내어지기를 축원합니다. 하나님은 우리를 깨끗케 하시고, 더 많은 열매를 맺을 수 있도록 보호하고 복 주신다는 사실을 믿으십시오. 그래서 부디 많은 열매를 맺는 가지가 되어 하나님의 기쁨에 "아멘, 할렐루야"로 화답할 수 있기를 축원합니다.

14

주의 사랑 안에
머물기

요한복음 15:9-15

아버지께서 나를 사랑하신 것처럼

예수님은 사랑하는 제자들에게 포도나무 비유를 가르치면서 가지로 하여금 풍성한 열매를 맺게끔 하는 방법을 두 가지로 말씀해 주셨습니다.

첫째, 가지치기를 해 주는 것입니다. 좋은 열매를 많이 맺게 하려면, 쓸데없는 것을 제거해 주어야 합니다. 우리의 비전이나 믿음에도 거품 현상이 있을 수 있습니다. 스스로 믿음이 있다고 착각할 수 있습니다. 실제로는 믿음이 없는데도 말입니다.

열매를 맺지 못하는 가지는 하나님이 다 잘라 버리십니다. 가지치기는 나무에 일시적으로 아픔과 고통을 안겨 주지만, 나무 전체를 살릴 뿐만 아니라 풍성한 열매를 맺게 해 줍니다.

둘째, 가지치기를 한 후에는 남은 가지들을 깨끗하게 손질하여 관리해 주어야 합니다. 이것은 좋은 열매를 바라는 농부의 소망이 담긴 하나님의 당부입니다. 농부는 가을이 다가와 추수할 것을 생각하면 얼마나 좋은지 모릅니다. 흠 없이 잘 익은 열매들을 보면 마음이 뿌듯해집니다.

가지가 많은 열매를 맺으면, 두 가지 사실이 증명됩니다. 하나는 하나님이 영광을 받으신다는 것이고, 다른 하나는 가지인 우리가 예수님의 제자임이 나타난다는 것입니다. 가지가 많은 열매를 맺는 원리는 우리가 예수님 안에 머물고, 예수님이 우리 안에 머물러 계시는 데서 찾을 수 있습니다. 예수님을 떠나서는 아무것도 할 수 없기 때문입니다.

그렇다면 예수님 안에 있다는 것은 구체적으로 어떤 의미입니까? 이에 관해 예수님이 친히 가르쳐 주십니다.

> 아버지께서 나를 사랑하신 것처럼 나도 너희를 사랑했다. 너희는 내 사랑 안에 머물러 있으라(요 15:9).

예수님 안에 있다는 것은 주님의 사랑 안에 머무는 것임을 알 수 있습니다. 예수님 안에 있으면, 주님과 관계를 맺고 주님의 보호하심과 주님의 능력을 받을 수 있습니다. "내 사랑 안에 머물러 있으라"는 말씀은 곧 "내가 네 안에 있겠다"는 선언입니다.

예수님의 사랑 안에 머무는 일은 매우 중요합니다. 왜냐하면 예수님의 사랑이 죄책감과 상처투성이인 우리 영혼을 회복시키고 치유해 주시기 때문입니다. 주님의 사랑을 먹을 때, 우리의 상한 영혼이 치유되고 회복됩니다.

사람이 중병에 걸리면 아무것도 할 수 없습니다. 환자에게 가장 필요한 것은 직장이나 사역이나 비전이 아니라 그 병에서 속히 놓이는 것입니다. 마찬가지로 죄인에게 가장 필요한 것은 죄 용서와 영혼의 치유 및 회복입니다.

예수님이 "내 사랑 안에 머물러 있으라"고 말씀하신 가장 큰 이유는 주님의 사랑 안에 머물 때, 방황하고 병들어 가는 영혼이 회복될 것을 약속하셨기 때문입니다. 예수님의 사랑 안에 머물러야 곧 죽을 것 같던 영혼도 다시 살아날 수 있습니다.

예수님이 사랑 안에 머물라고 말씀하신 이유는 두 가지입니다. 첫째는 하나님의 사랑 때문이고, 둘째는 예수님의 사랑 때문입니다. 먼저, 하나님의 사랑에 관해 알아봅시다. 예수님은 "아버지께서 나를 사랑하신 것처럼"이라고 말씀하십니다. 예수님의 능력은 하나님의 사랑을 믿는 확신에서 나옵니다.

세상에서 가장 큰 능력은 사랑 그 자체에 있는 것이 아니라 누구로부터 사랑받고 있다는 확신에서 나옵니다. 주위 사람들이 믿어 주고 사랑해 주고 있다는 믿음에서 능력이 발휘됩니다.

하나님은 사랑이십니다. 하지만 이것을 구호처럼 외친다고 해서 우리 삶에 변화가 일어나지는 않습니다. 하나님이 나를 사랑해 주신다는 믿음이 있어야 어떤 위기나 고난에서도 탈출할 수 있습니다. 그러므로 하나님이 우리를 사랑해 주신다는 사실을 굳게 믿어야 합니다. 그 사랑이 어느 정도인가 하면, 독생자를 십자가에서 죽게 하심으로써 구원의 섭리를 완성시키실 만큼입니다.

하나님은 예수님을 사랑하신 그 사랑으로 우리를 사랑하십니다. 성부 하나님과 성자 하나님의 사랑은 불가분의 관계이고, 결코 변하지 않는 절대적인 것입니다.

기억하십시오. 예수님은 하나님 아버지의 지극하신 사랑을 입고, 십자가를 짊어질 수 있었습니다. 주님의 사랑을 확신하면, 무슨 일이든지 해낼 수 있습니다. 심지어 십자가까지도 짊어질 수 있습니다. 우리가 헌신하지 못하고, 행동하지 못하는 까닭은 주님의 사랑에 관한 확신이 없기 때문입니다.

내 계명을 지켜 내 사랑 안에 머물라

예수님은 "내 사랑 안에 머물러 있으라"고 말씀하십니다. 예수님의 사랑은 언제나 변함없고 확실하며 영원합니다. 주님의 사랑에는 치유와 회복의 능력이 있습니다. 우리가 어떤 인생을 살았든, 어떤 죄를 지었든 상관없이 주님은 우리 모든 것을 치유하고 회복시켜 주실 수 있습니다.

> 내가 내 아버지의 계명을 지키고 아버지의 사랑 안에 있는 것같이
> 너희도 내 계명을 지키면 내 사랑 안에 있을 것이다(요 15:10).

또한 예수님의 사랑 안에 머문다는 것은 곧 그분의 계명을 지키는 것임을 알 수 있습니다. 하나님이 예수님을 사랑하신 것처럼, 예수님이 우리를 사랑하신다는 말씀이 얼마나 멋있습니까?

주님의 말씀에 따르는 것이 사랑이고, 주님의 말씀을 지키는 것이 사랑이며 주님의 말씀대로 생각하는 것이 사랑입니다. 즉 예수님이 말씀하시는 사랑이란 감정이나 의지가 아니라 주님의 말씀에 순종하는 것입니다.

그러므로 예수님의 사랑 안에 머문다는 것은 그분의 말씀 안에 머무는 것입니다. 하나님의 말씀이 내 안에 있으면, 하나님이 내 안에 계시는 것입니다. 예수님의 말씀이 내 안에 살아 있으면, 예수님이 내 안에 살아 계시는 것이고, 예수님의 말씀이 내 안에 없으면, 내 안에 주님이 안 계신 것입니다.

이것 이상으로 하나님이 내 안에 나타나시는 방법은 없습니다. 예수님이 "내 안에 머물러 있으라", "내 사랑 안에 머물러 있으라", "내 계명을" 지키라는 말씀은 모두 같은 의미입니다.

> 내가 이것들을 너희에게 말한 것은 내 기쁨이 너희 안에 있어 너희 기쁨이 충만하게 하려는 것이다(요 15:11).

예수님 안에, 예수님의 사랑 안에 머물러 예수님의 계명을 지키는 사람은 하나님의 상급과 축복을 받습니다. 하나님의 기쁨을 충만하게 누리는 것입니다. 세상 어디에도 없는 참 기쁨을 얻습니다. 주님이 주시는 기쁨은 외형적인 것이 아니라 내면적인 것이며, 물질적인 것이 아니라 영적인 것입니다.

우리 얼굴이 주님의 기쁨으로 충만하기를 축원합니다. 귀신이 주님의 기쁨으로 충만한 우리 얼굴을 보고 ,들어오려다 말고 도망가기를 축원합니다. 주님의 기쁨이 충만한 얼굴엔 귀신이나 불안이 들어올 수 없습니다.

좋은 일이 있으면, 그 기쁨을 도저히 감출 수 없는 사람이 있습니다. 넘쳐나는 기쁨을 감출 수 없어 표정과 말과 행동에서 환희가 느껴지는 사람은 모든 사람에게 사랑받습니다.

그런가 하면, 자기 자신을 엄격하게 대하고, 실수를 절대로 용서하지 않는 율법적인 성향의 사람이 있습니다. 그런 사람은 참으로 불행합니다. 예수님이 우리를 사랑하시는데, 왜 스스로 자신을 그렇게 못살게 괴롭히는지 이해할 수 없습니다. 그런 사람은 고독과 불안을 자초합니다.

외로움의 감옥은 스스로 만드는 것입니다. 자신을 찾아오는 사람들을 거절하고, 신경질을 내며 욕하고 소리 지르는데 누가 곁에 머물러 있겠습니까? 결국 주변에 아무도 남지 않게 됩니다.

예수님이 우리 죄를 용서하시고, 우리의 연약함을 사랑으로 감싸 주십니다. 주님께 용서받지 못할 죄는 없습니다. 어떤 실수를 저질렀어도 주님이 회복시켜 주십니다. 예수님 안에 머무는 사람에게 참 기쁨이 주어집니다. 예수님의 사랑 안에 머무는 사람에게 진정한 기쁨이 있습니다. 예수님의 계명을 지키는 사람에게 넘치는 기쁨이 있습니다.

주님이 주시는 기쁨으로 너무 웃어서 눈이 작아지기를 바랍니다. 우리에게 기쁨이 흘러넘치면, 육신의 모든 세포가 되살아납니다. 긴장하면 얼굴에 화장이 잘 안 먹는다고 하는데, 기쁨이 넘치면 얼굴만이 아니라 말이 부드러워지고 눈빛도 다정해집니다.

너희도 서로 사랑하라

예수님이 성경에 씌어 있는 수많은 계명 중에서 최고의 계명을 제자들에게 말씀해 주십니다.

> 내 계명은 이것이다. 내가 너희를 사랑한 것과 같이 너희도 서로 사랑하라(요 15:12).

이것은 기독교의 본질을 이루는 계명입니다. 신구약 전체를 녹여서 한 단어로 정의한다면, 바로 '사랑'입니다. 하나님은 사랑이십니다. 예수님은 우리를 사랑하십니다. 이것은 곧 십자가의 사랑을 가리킵니다. 만약 우리가 하나님을 믿고, 십자가의 도를 따르는 그리스도의 제자라고 한다면, 우리 삶은 한마디로 형제를 향한 사랑으로 일관해야 합니다. 기독교는 사랑을 빼면 아무것도 아니기 때문입니다.

그런데 현대인은 갈수록 사랑 대신에 권력을 택하는 경향이 있습니다. 가정에서든 직장에서든 권력을 쟁취하려고 합니다. 권력이란 자신의 영향력으로 남을 지배하는 힘을 말합니다. 말 한마디로도 사람을 움직이는 힘 말입니다.

그러나 예수님이 말씀하시는 최고의 계명은 권력과는 거리가 멉니다. 예수님은 "내가 너희를 사랑한 것과 같이 너희도 서로 사랑하라"고 말씀하십니다. 오늘 그 사랑이 우리에게 있기를 축원합니다. 시어머니가 며느리에게, 자식이 부모에게 또 부부가 서로에게 주님의 사랑을 전하기를 축원합니다.

사랑이 위대한 까닭은 모든 것을 포기하고, 자신을 희생하며 용서하기 때문입니다. 사랑은 순결하기에 능력이 있습니다.

사람이 자기 친구를 위해 목숨을 내놓는 것보다 더 큰 사랑은 없다.
너희가 만일 내 계명을 지키면 너희는 내 친구다(요 15:13-14).

예수님은 국가나 부모에 대한 사랑을 최고라고 말씀하시지 않습니다. 친구를 위해 목숨을 버리면, 이보다 더 큰 사랑이 없다고 말씀하십니다.

그러나 요즘 세상은 친구를 위해 목숨을 버리기는커녕 친구를 상대로 사기나 치지 않았으면 하는 마음이 들게 합니다. 사기꾼들을 보면, 되레 가장 친한 친구들을 상대로 사기 치는 일이 많음을 알 수 있습니다.

사랑 하면 흔히 남녀 간의 사랑이나 부모 자식 간의 사랑을 떠올립니다. 그런데 친구를 사랑하는 건 좀 어색합니다. 그러나 예수님은 친구를 위해 목숨을 버리는 것이 최고의 사랑이라고 말씀하십니다. 예수님 자신이 우리를 위해 자신을 버린 진정한 친구이십니다.

나는 이제부터 너희를 종이라고 부르지 않겠다. 종은 주인의 일을 알지 못하지만 나는 너희에게 내 아버지께 들은 것을 모두 알려 주었으니 친구라고 부르는 것이다(요 15:15).

주인과 종은 일방적인 상하 관계이고, 이 관계에는 자유가 없고 특권과 의무만 있습니다. 또 종은 주인이 하는 일을 알지 못합니다. 그런데 예수님은 우리를 종이라 부르지 않으시고, 친구라 부르십니다. 하나님과 우리의 관계는 주인과 종의 관계가 아닌 친구 관계라는 말씀입니다.

하나님의 개념에 대혁명을 일으키시는 말씀입니다. 우리가 어떻게 하나님과 친구가 될 수 있단 말입니까? 그런데 하나님이 먼저 사람의 친구가 되어 주셨습니다. 하나님은 전통적으로 감히 우러러볼 수조차 없는, 경외하고 존경해야 할 대상이었습니다. 예수님은 하나님에 관한 기존 개념을 친구로 바꾸시며 인간과 가까이 하려 하셨습니다.

하나님은 아브라함을 "내 친구 아브라함"(사 41:8)이라고 부르셨습니다. 하나님과 친밀해지면, 하나님이 먼저 우리를 친구라 부르십니다. 친구 사이는 상하 관계가 아닌 수평 관계입니다. 일방적인 관계가 아닌 쌍방적인 관계입니다. 친구 사이는 의지로 선택하는 자유로운 관계이며 의무와 동시에 특권이 주어지는 관계입니다.

예수님은 우리를 친구로 불러 주십니다. 일방적으로 섬김을 받기만 하는 주인이 아닌 우리와 사랑의 교제를 나누는 친구가 되기를 원하십니다.

예수님의 사랑을 마음에 품고 네 가지 사실을 기억하십시오. 첫째, 예수님 안에, 예수님의 사랑 안에 거하는 것이 예수님의 계명을 지키는 일입니다. 둘째, 하나님이 주시는 기쁨이야말로 참된 축복입니다. 셋째, 최고의 계명은 예수님의 사랑으로 서로 사랑하는 것입니다. 넷째, 예수님은 우리와 친구가 되기를 원하십니다.

예수님의 친구가 되어 날마다 놀라운 축복을 누리기를 축원합니다.

15

세상이 우리를
미워하는 까닭

요한복음 15:16-25

의지를 갖고 택한 사랑

누군가를 사랑하면, 몇 가지 관계를 맺게 됩니다. 첫째, 본능적이고 자연적인 관계를 맺습니다. 동물은 본능적으로 새끼를 보호하고 젖을 먹입니다. 이것이 동물의 사랑입니다. 젊은 남녀는 만남을 통해 서로 끌리면 자연스럽게 사랑의 불길을 당기게 됩니다. 누가 시켜서 되는 게 아니라 본능적으로 그렇게 되는 것입니다. 이것이 본능적인 사랑입니다.

둘째, 의무적이며 쌍방적인 관계를 맺습니다. '내가 너를 사랑하니까 너도 나를 사랑해야 한다. 네가 나를 배신하면, 나도 너를 배신하겠다'라는 식입니다. 요즘 유행하는 말로 '기브 앤 테이크(give and take)'식 사랑입니다. 어찌 보면 매우 그럴 듯하고 합리적인 것 같아 보입니다. 그러고 보면 우리는 철저히 주는 만큼 받고, 받는 만큼 주는 데 익숙해져 있는 것 같습니다.

어떤 사람들에게는 서로 사랑하는 것이 불가능에 가까운 일일 수 있습니다. 견원지간인 사람들에게는 아무리 사랑을 외쳐도 소용없습니다. 죄성을 가진 인간이어서 그렇습니다. 손뼉도 마주 쳐야 소리가 나듯이, 사랑은 서로 주고받을 때 비로소 빛납니다.

셋째, 일방적이고 의지적인 관계를 맺습니다. 상대방의 조건이

나 환경에 상관없이 사랑하는 것입니다. 왜 그 사람을 사랑하느냐고 물으면, "그냥"이라고 대답합니다. 무엇이 그리도 좋으냐고 물으면, "다 좋다"고 대답합니다. 대답이 단순할수록 오히려 진심인 경우가 많습니다. 정말로 그냥 다 좋은 것입니다. 사람은 누구나 그런 사랑을 받아 보길 원합니다.

일본 열도를 사로잡았던 우리 드라마 〈겨울 연가〉가 바로 그런 사랑을 보여 주었던 것 같습니다. 남녀 주인공이 의지를 갖고 서로 사랑하기로 결정하지 않았습니까? 우리는 인간의 의지적 결정을 가리켜 '선택'(選擇)이라고 말합니다.

사랑은 본능과 의무를 넘어서 의지가 필요한 영역입니다. 청춘 남녀가 만나 서로 사랑하다가 결혼에까지 이르려면 꼭 필요한 과정을 거쳐야 합니다. 두 남녀가 함께 삶으로써 성공하든 실패하든, 어떤 고난과 역경을 만날지라도 서로 사랑하며 해로하기로 선택하는 과정이 필요합니다.

너희가 나를 택한 것이 아니라 내가 너희를 택해 세운 것이다. 그것은 너희가 가서 열매를 맺어 그 열매가 계속 남아 있게 하려는 것이다. 그러므로 너희가 무엇이든지 내 이름으로 구하면 아버지께서 너희에게 주실 것이다(요 15:16).

하나님이 우리를 사랑하시는 것과 우리가 하나님을 사랑하는 것은 그 차원이 근본적으로 다릅니다. 대개 우리는 예수님의 사랑을 체험함을 통해 하나님의 사랑을 간접적으로 가늠하지만, 예수님은 의지적으로 우리를 선택하여 사랑하십니다.

영원한 가치, 용서와 사랑

예수님의 사랑은 우리 사랑과는 전혀 다른 네 가지를 보여 줍니다. 첫째, 예수님이 먼저 우리를 택하셨습니다. 예수님은 너희가 나를 택한 것이 아니라고 말씀하십니다. 우리가 예수님을 택한 적이 있기나 합니까? 택하기는 고사하고, 주님이 다가오시면 오히려 멀리 도망치곤 하지 않았습니까? 예수님의 강력한 구애에도 전혀 반응도 하지 않았던 우리입니다.

사람들은 대개 본능적이고 의지적인 차원의 사랑에서 좀 더 나아가면, 자신이 상대방을 진정으로 사랑하는 줄로 생각합니다. 사랑의 주체가 자기 자신이라고 여기는 것입니다. 그러나 우리가 사랑에 실패하는 대부분의 원인은 상대방을 사랑한다고 착각하는 데 있습니다.

사랑에 빠질 때마다 "나는 그(또는 그녀)를 사랑해. 멜로드라마의 주인공은 바로 냐야!"라고 자신합니다. 그러다 나이가 들고, 인생의 실패를 몇 번 경험하고 나면, 자신이 사랑의 주체가 아님을 알게 됩니다. 심지어 누군가를 불쌍히 여겨서 도움을 주는 것조차 가식의 일종일 수 있다는 사실을 깨닫습니다. 인간의 죄성을 이해하게 된 것입니다.

둘째, 예수님의 사랑에는 조건이 없습니다. 부모의 자식 사랑은 무조건적이라고 하지만, 사실 혈연이라는 조건이 전제되어 있습니다. 하지만 예수님은 누군가에게 사랑받을 만한 능력이나 조건이 없는 우리를 선택하여 사랑해 주십니다. 아무 조건도 없이 말입니다.

우리가 예수님 앞에 무릎을 꿇을 수밖에 없는 까닭은 그분의 선택적 사랑 때문입니다. 그래서 우리에게 주님의 감동이 있고, 은혜가 있는 것입니다.

우리는 하나님을 알기 전에는 하나님을 탓하고, 원망하곤 했습니다. 그러나 하나님의 크신 은혜를 경험하고 나면 어떻게 됩니까? 그 많던 불평과 원망이 모두 사라집니다. 되레 "주님, 병든 자들과 가난한 자들에게 저를 보내 주십시오. 제 인생의 작은 부분이라도 주님께 드리고 싶습니다"라고 고백하게 됩니다.

셋째, 예수님의 사랑은 우리에게 풍성한 열매를 안겨 줍니다. 사랑이라고 해서 모두 다 같은 사랑이 아닙니다. 세기적인 사랑이라고 떠들썩하던 유명인의 사랑도 시간이 지나면 서로 물어뜯고 싸우는 미움으로 변하는 것을 숱하게 봐 왔습니다. 사랑이라는 이름으로 전쟁을 일으키고, 상대를 파멸로 몰아가는 모습도 많이 봤습니다. 사랑의 종말은 비참합니다.

그러나 예수님의 사랑은 풍성한 열매를 맺습니다. 사랑이 축복을 만들고, 축복이 행복을 만듭니다. 주님의 사랑은 파괴나 복수의 탈을 쓰지 않습니다. 절망이나 좌절이나 포기로 변질되지도 않습니다. 마지막 순간까지 기다리고 기대하는 희망의 사랑입니다.

부정적이며 폐쇄적이고, 비판적이며 파괴적인 사람도 변화시키는 것이 사랑입니다. 사랑은 죽어서도 아름다운 열매를 풍성하게 맺게 하는 능력이 있습니다.

전도사 시절에 감옥과 구치소를 다니며 많은 범죄자를 만났습니다. 사형수를 만난 적도 있습니다. 처음에는 말씀을 전해도 저항이 심했던 사람이 나중에는 회개하며 신앙인으로 변모하는 것을 봤습니다. 과연 인간의 힘으로 그런 교제가 가능했을까 하는 생각이 듭니다. 어떤 사형수는 마지막 길을 찬송가를 부르며 걸었는데, 형장의 이슬로 사라지지 않고 속죄하는 마음으로 장기를 기증하기도 했습니다. 이처럼 인격이 파괴된 사람들조차 녹일 수 있는 것이 사랑입니다.

넷째, 사랑은 기적을 만듭니다. 사랑하기로 결단하면, 미움과 분노와 증오의 벽을 넘어서 놀라운 일들을 경험하게 됩니다. 정치 세계에는 정적이 있고, 사업에는 경쟁자가 있듯이, 우리 일상에도 절대로 용서하고 싶지 않은 원수가 있을 수 있습니다. 그런데 예수님의 사랑이 우리 안에 들어오면, 결코 용서할 수 없을 것 같던 원수도 사랑하게 되니 그야말로 기적입니다. 우리를 미워하는 사람을 위해 기도할 때 은총을 입고, 그 기도가 응답될 때 더욱 큰 은총을 입습니다. 그러니 사랑하기로 결단해 보십시오. 기적을 체험하게 될 것입니다.

예수님은 우리가 그분의 이름으로 무엇이든지 구하면 다 이루어 주신다고 말씀하셨습니다. 왜 이루어 주십니까? 사랑하기 때문입니다.

어떤 사람들에게는 사랑이 착취의 수단이 되기도 합니다. 사랑이라는 이름으로 상대방의 시간과 열정과 돈을 빼앗고, 그 사람을 노예로 만들어 버리기 때문입니다. 그러나 주님은 사랑의 이름으로 우리가 가진 것을 빼앗아 가는 일이 없으십니다. 오히려 주님의 사랑은 모든 것을 내어 줍니다.

내가 너희에게 명하는 것은 이것이다. 너희는 서로 사랑하라 (요 15:17).

예수님이 우리를 아무 조건 없이 일방적으로 사랑하시는 이유는 무엇입니까? 이유는 단 한 가지입니다. 바로 우리로 하여금 서로 사랑하게 하기 위함입니다. 사랑을 받아 본 사람이 사랑할 줄 압니다. 사랑을 받아 보지 못한 사람은 절대로 남을 사랑할 수 없습니다. 용서를 받아 보지 못한 사람은 결코 남을 용서하지 못합니다.

오늘날 우리 사회를 구원할 가치는 바로 용서와 사랑입니다. 용서와 사랑은 시대와 문화와 환경을 초월하여 추구해야 할 영원한 가치입니다. 민족과 나라와 언어와 인종도 뛰어넘습니다. 그래서 사도 바울은 "사랑은 율법의 완성"(롬 13:10)이라고 말했습니다. 예수님이 우리를 사랑하신 것처럼 우리도 서로 사랑하면, 그것이 곧 율법의 완성이라는 뜻입니다. 사랑은 율법의 완성이자 주님의 최고 명령입니다.

그런데 세상의 사랑은 우리가 경험한 주님의 사랑과는 정반대입니다. 세상 사람들은 서로 미워하고, 비난과 비판을 일삼으며 각자 자기가 원하는 바를 쟁취하려고 애씁니다. 피투성이가 되도록 싸웁니다. 그들이 싸우는 모습을 보십시오. 마치 맹수와도 같습니다. 그들은 축복 대신에 저주를, 용서 대신에 복수를, 생명 대신에 죽음을 찾아 헤집고 다닙니다.

어둠은 빛이 찾아와도 환영하지 않으며, 결코 받아들이지 못합니다. 따라서 빛의 자녀인 그리스도인이 세상에서 받는 대접은 환영이 아닌 거절이고, 칭찬이 아닌 비판인 것입니다. 세상은 빛의 자녀를 미워하기 때문입니다.

요즘 인터넷에서 각종 안티 사이트들이 유행이라고 합니다. 그곳에서 사람들은 분노와 적개심으로 가득 찬 악한 말들을 서슴지 않고 마구 내뱉고 있습니다. 교회와 그리스도인을 향한 악담도 넘쳐납니다. 왜 세상 사람들이 하나님을 거부하고, 우리를 미워합니까? 왜 세상이 교회를 곱게 보지 않습니까? 물론, 그리스도인이 세상에 모범을 보이지 못한 탓도 있을 것이고, 교회가 존경받지 못할 일을 한 탓도 있을 것입니다.

그러나 그것이 전부가 아닙니다. 예수님의 말씀에서 그 이유를 찾아볼 수 있습니다.

우리는 세상이 아닌 예수님께 속한 사람

세상 사람들이 우리를 미워하고 모함하는 첫 번째 이유는 예수님을 미워하기 때문입니다.

> 만일 세상이 너희를 미워하거든 너희보다 먼저 나를 미워했다는 것을 알라(요 15:18).

예수님은 세상이 우리를 미워하면, 우리보다 먼저 주님을 미워했다는 사실을 기억하라고 말씀하십니다.

> 그분 안에는 생명이 있었습니다. 그 생명은 사람들의 빛이었습니다. 그 빛이 어둠 속에서 비추고 있지만 어둠은 그 빛을 깨닫지 못했습니다(요 1:4-5).

세상이 왜 예수님을 거절하고 적대적으로 대했습니까? 그분이 바로 빛이시기 때문입니다. 세상의 본질은 어둠이지만, 예수님의 본질은 빛입니다. 교회가 세상으로부터 일시적인 비판을 받는 것과 세상이 본질적으로 빛을 싫어하는 것 사이에는 분명한 차이가 있음을 알아야 합니다.

세상이 빛이신 예수님을 싫어하는 데는 영적인 이유가 있습니다. 빛을 좋아하는 사람은 하나님의 자녀입니다. 그러나 어둠인 세상은 빛이신 예수님을 받아들이지 못하고, 받아들일 수도 없습니다. 그래서 세상이 예수님을 싫어하는 것입니다. 우리가 세상으로부터 미움받고, 고난을 당하는 것은, 엄밀히 말하면 우리 실수와 허물 때문이 아니라 우리가 빛이신 주님의 자녀이기 때문입니다.

예수님은 "복되도다! 나 때문에 사람들의 모욕과 핍박과 터무니없는 온갖 비난을 받는 너희들, 기뻐하고 즐거워하라. 하늘에서 너희들의 상이 크다. 너희들보다 먼저 살았던 예언자들도 그런 핍박을 당했다"(마 5:11-12)라고 말씀하셨습니다.

해외 선교지에 나가 보면, 예수님의 말씀을 실감할 수 있습니다. 특히 이슬람 문화권에선 예수님을 전한다는 이유로 그리스도인들이 쫓겨 다니며 숨어 지내야 하는데, 붙잡히면 감옥에 들어가야 하기 때문입니다. 때로는 목숨을 잃기도 합니다. 현지인들은 예수님을 믿는다는 이유로 공직에서 물러나거나 가문에서 내쫓기거나 심지어 가족에 의해 살해되기도 합니다. 그리스도인이 되었다는 사실을 가족에게조차 알리지 못하는 것입니다. 이것이 적대적인 세상에서 살아가는 그리스도인의 현실입니다.

그러므로 세상으로부터 핍박을 받으면 오히려 기뻐하고 즐거워하십시오. 만약에 그리스도인이 세상에서 아무런 핍박도 받지 않고, 환영받으며 잘나간다면, 그 사람은 가짜일지도 모릅니다. 그리스도의 빛이 얼마나 약하면, 어둠을 좋아하는 세상이 그를 환영하겠습니까? 세상은 도리어 그 사람을 이용해 다른 그리스도인들을 더욱 핍박할지도 모릅니다.

사도행전을 자세히 들여다보면, 그와 관련된 좋은 사례들을 발견할 수 있습니다.

> 만일 너희가 세상에 속해 있다면 세상이 너희를 자기 것으로 여기고 사랑할 것이다. 그러나 너희는 세상에 속해 있지 않고 내가 세상에서 너희를 택했으므로 세상이 너희를 미워할 것이다(요 15:19).

세상 사람들이 우리를 미워하고 모함하는 두 번째 이유는 우리가 세상에 속하지 않고, 예수님께 속해 있기 때문입니다. 다시 말해서 서로 소속이 다르기 때문입니다.

오늘날 진리는 옳고 그름의 문제가 아니라 어디에 속해 있느냐의 문제입니다. 네 소속이 이쪽이냐 저쪽이냐를 묻는 세상입니다. 그러나 참 진리는 당파가 없으며 소속이 다르다고 해서 싫어하거나 미워하지도 않습니다.

나를 미워하는 사람은 내 아버지도 미워한다(요 15:23).

세상 사람들이 우리를 미워하고 모함하는 세 번째 이유는 하나님을 미워하기 때문입니다. 세상은 우리를 싫어하고 핍박함으로써 하나님께 대적합니다. 그들 마음속에는 하나님이 없습니다. 그들에겐 물질과 권력이 곧 신이므로 하나님을 섬기는 우리를 미워하고 핍박하는 것입니다.

불가지론이나 무신론을 추종하는 것은 단순히 하나님을 부정하는 것이 아니라 궁극적으로 마귀를 섬기는 것입니다. 그러나 세상 사람들은 그런 실상을 전혀 알지 못합니다. 이미 세상 사람들은 사탄에 유혹되어 물질을 탐하며 우상과 권력을 숭배하고 있습니다. 그들은 하나님만 아니면, 어떤 대상도 기꺼이 숭배합니다. 하나님을 거부하고, 잡다한 미신을 믿습니다. 점치러 다니고, 온갖 부적을 붙이거나 달고 다닙니다. 귀신을 찾아다니는 사람들은 결코 하나님을 높일 수 없고, 예수 그리스도를 찬양할 수도 없습니다.

이런 의미에서, 그리스도인이라면 용기를 내어 세상으로부터 오는 미움과 핍박을 기꺼이 받으십시오. 순전히 우리가 예수님을 믿기 때문에 받는 것이기 때문입니다. 우리는 참 진리와 영생을 소유한 빛의 아들임을 기억하십시오.

16

성령님과
고난

요한복음 15:26-16:4

성령님이 세상에 오신 목적

법정에서 어떤 사건을 심리할 때, 가장 중요하게 여기는 것은 증거의 신빙성입니다. 심지어 명백한 증거가 새로 발견되면, 대법원의 판례까지도 뒤집을 수 있습니다.

오늘날 우리는 "예수님이 과연 하나님의 아들로서 온 인류를 구원하시는 메시아인가? 십자가에서 흘리신 예수님의 피가 어떻게 인류의 죄를 씻을 수 있는가?"라는 질문에 직면해 있습니다.

질문에 관한 답으로 두 가지 결정적인 증거를 찾아보겠습니다.

> 내가 아버지께로부터 너희에게 보낼 보혜사, 곧 아버지께로부터 오시는 진리의 성령이 오시면 그분이 나를 증언해 주실 것이다. 너희도 처음부터 나와 함께 있었으므로 내 증인들이 될 것이다 (요 15:26-27).

첫 번째 증거는 예수님에 관한 성령님의 증거이고, 두 번째 증거는 예수님에 관한 제자들의 증거입니다. 오늘날 우리도 그리스도의 제자로서 예수님을 증거하고 있습니다. 이웃에게 살아 계신 예수님을 전하는 일이 곧 그것입니다.

첫 번째 증거부터 살펴봅시다. 예수님은 성령님에 관한 네 가지 사실을 가르쳐 주십니다. 첫째, 예수님이 성령님을 세상에 보내십니다. 성령님이 세상에 오시는 데 결정적인 역할을 하시는 분이 바로 예수님이라는 뜻입니다.

둘째, 성령님은 하나님 아버지께로부터 나오십니다.

셋째, 성령님은 곧 보혜사입니다. 보혜사는 헬라어로 '파라클레토스'(παράκλητος)인데 '옆에서 도와주는 이'라는 뜻입니다.

넷째, 보혜사는 진리의 성령입니다.

하나님 아버지께로부터 나와 예수님의 보내심으로 우리에게 오시는 보혜사, 진리의 성령님이 세상에 오시는 이유는 명백합니다. 바로 예수님에 관해 증거하기 위해서입니다. 성령님이 세상에서 질병을 치유하시고, 우리로 하여금 방언도 하고 예언도 하게 하시지만, 이것들이 성령님의 사역의 궁극적인 목적은 아닙니다.

그러므로 나는 여러분에게 알려 드립니다. 하나님의 영으로 말하는 사람은 아무도 "예수는 저주받은 사람이다"라고 할 수 없고 또 성령으로 말미암지 않고는 "예수는 주이시다"라고 할 수 없습니다 (고전 12:3).

보혜사 성령님은 예수 그리스도께서 하나님의 아들이시며 인류의 구세주이심을 증거하기 위해 오셨습니다. 우리가 예수님을 믿게 된 것은 성령님의 역사 덕분입니다.

또한 성경은 "성령께서 너희에게 오시면 너희가 권능을 받고 예루살렘과 온 유대와 사마리아와 땅 끝까지 이르러 내 증인이 될 것"(행 1:8)이라고 말합니다. 성령님의 역사로 우리가 초자연적인 능력을 경험할 수 있다는 뜻입니다. 또한 성령 충만을 받으면, 놀라운 영적 세계를 체험하게 됩니다. 사도 바울은 "술에 취하지 마십시오. 잘못하면 방탕에 빠지기 쉽습니다. 오히려 성령으로 충만하게 되십시오"(엡 5:18)라고 권면했습니다.

우리가 예수 그리스도를 믿고 죄 사함을 받으며 구원을 얻는다는 사실은 일종의 공식과도 같습니다. 공식대로 예수님을 구세주로 믿고 받아들인다면 놀랍고도 생동감이 넘치는 삶을 살 수 있게 됩니다. 이것이 성령님의 역사입니다.

안타까운 점은, 어떤 사람들은 이 공식을 받아들이고도 제대로 된 결과를 누리지 못한다는 사실입니다. 그들은 예수님을 믿고 교회에서 봉사 활동도 하지만, 생동감 넘치고 열매가 풍성한 기적의 삶에 관해선 전혀 알지 못합니다. 오로지 인간적인 판단과 이성적이며 합리적인 생각으로 예수님을 믿을 뿐입니다.

그러다 어느 날 갑자기 성령님이 역사하시면, 주님 이름 앞에서 눈물을 흘리게 됩니다. 아무 감동 없이 부르던 찬송가 가사가 가슴에 사무치고, 성경 구절이 생생하게 살아 움직입니다. 그의 삶 속에 예수님이 실제로 살아 움직이기 시작하신 것입니다. 자신도 모르게 가슴이 뜨거워지고, 미워했던 사람을 용서하고 사랑하게 됩니다. 기도 중에 방언이 터져 나오고, 신령한 시와 찬송을 노래합니다. 예언을 하고, 질병도 낫게 합니다. 무엇보다도 죄를 이길 힘을 얻습니다.

신앙생활은 예수님을 믿고 구원받는 것으로 끝나지 않습니다. 그 이상의 영적 경험을 해야 합니다. 성령님의 기름 부으심과 다스리심을 체험해야 합니다. 성령님의 역사를 경험해야만 예수님이 하나님의 아들이자 그리스도이신 것을 깨닫게 됩니다. 이 진리를 체험하고 나면, 누가 총을 들이대고 겁박하더라도 예수 그리스도를 결코 부인할 수 없습니다.

성령님이 예수님을 증거하는 두 가지 방법

성령님이 예수님에 관해 증거하시는 두 가지 방법이 있습니다.

먼저, 성경에서 증거하십니다. 성경은 약 2,000년에 걸쳐 40여 명의 기자가 서로 다른 역사적 사실을 배경으로 기록한 진리의 책입니다.

성경의 실제 저자는 성령님입니다. 성령님은 시대마다 사람에게 감동을 주시어 성경을 기록하게 하셨습니다. 그래서 오랜 세월 동안, 40여 명의 다양한 사람들이 성경을 기록했음에도 불구하고, 창세기부터 요한계시록까지 주제가 일관성 있게 흐르고 있는 것입니다.

두 사람이 공저(共著)할 때도 서로 맞지 않는 부분이 많은 법인데, 2,000년에 걸쳐서 서로 다른 역사적 배경 아래 무려 40여 명이 글을 썼는데도 주제가 일맥상통한다는 것은 누군가가 처음부터 끝까지 이야기를 이끌었다는 방증이 됩니다. 바로 한 분 성령님이 원저자임을 알 수 있습니다.

사도 바울은 "모든 성경은 하나님의 감동으로 된 것으로 교훈과 책망과 바르게 함과 의로 교육하기에 유익하니 이는 하나님의 사람으로 모든 선한 일을 위해 온전히 준비되게 한다"(딤후 3:16-17)고 말했습니다.

또한 베드로는 "예언은 언제나 사람의 뜻을 따라 나온 것이 아니라 성령의 감동하심을 받은 사람들이 하나님께 받은 말씀을 전한 것이기 때문"(벧후 1:21)이라고 썼습니다. 성경 저자들이 각자 느낀 대로 쓴 것이 아니라 성령님의 감동하심을 받아 하나님이 말씀하신 대로 기록했음을 분명히 밝힌 것입니다.

결론은 간단합니다. 성령님께 감동을 받은 사람만이 성경을 제대로 읽을 수 있습니다. 성경은 예수 그리스도에 관한 증언이므로 성경을 읽으면 읽을수록 예수님에 관해 더 깊이 알게 됩니다.

성령님은 말씀을 통해 예수 그리스도를 증거합니다. 따라서 성경을 읽고도 예수님을 발견하지 못했다면, 그 사람은 성경을 제대로 읽지 않은 것입니다. 절망과 고난 중에 있을 때, 오히려 성경이 잘 읽힙니다. 마음이 가난할수록 말씀이 잘 보이고, 말씀을 읽다가 성령 체험하는 경우도 많아집니다. 어떤 사람은 교도소에서 혼자 성경을 읽다가 성령 체험을 하기도 합니다.

성령님이 예수님에 관해 증거하시는 두 번째 방법은 사람의 내적 증거를 통해 증거하시는 것입니다. '내적 증거'(internal evidence)란 용어는 종교 개혁자들이 즐겨 사용했던 단어입니다. 사람은 성령님의 감동으로 쓰인 성경 말씀을 읽을 때, 영안이 열리고 예수님을 믿게 됩니다. 성령님이 사람의 내면에 들어와 말씀하시고 증거하시기 때문입니다.

성령으로 충만해지면, 내주하신 성령님이 많은 것을 들려주십니다. 학교나 직장이나 사회에서 경험한 것과는 비교할 수 없을 정도로 탁월한 영적 진리를 말씀해 주십니다. 이것은 누가 뭐라고 해도 부인할 수 없는 사실입니다. 무식한 사람이든 유식한 사람이든, 지혜로운 사람이든 미련한 사람이든 성령님이 그 안에 들어가시면 직접 말씀을 증거하며 깨닫게 도우십니다.

성령님의 증거에는 세 단계가 있습니다.

첫 번째 단계에서는 성경에 관한 모든 것을 이해시켜 주십니다. 성경은 아는 것이 아니라 알아지는 책입니다. 십자가는 관련된 연구를 보고 논리적으로 아는 것이 아니라 성령님의 가르침으로 이해하게 되는 것입니다. 부활이나 기적도 마찬가지입니다.

그렇다면, 지금 우리가 하나님을 믿는다는 사실을 어떻게 알 수 있을까요? 머리로 생각하고 연구한 후에 아는 것이 아닙니다. 성령님이 가르쳐 주시고, 깨닫게 해 주셔야 알 수 있습니다.

두 번째 단계에서는 죄에 관해 깨닫게 하십니다. 만약 성령님의 임재를 주장하면서도 자기 죄를 깨닫지 못한다면, 그것은 잘못된 것입니다. 죄의 회개는 성령님의 역사에서 필연적인 것입니다.

지금껏 타인의 허물만 보던 사람이 자기 허물을 보기 시작하는 것이 성령님의 역사입니다. 우리 삶에서 회개가 일어난다면, 그것이 바로 성령님의 역사입니다.

세 번째 단계에서는 믿음을 갖게 하십니다. 예수 그리스도께서 인류의 죄를 위해 죽으시고 부활하신 것을 믿게 되고, 따라서 우리 죄와 허물을 용서받은 사실을 확신하게 됩니다. 이는 성령님이 우리에게 역사하시는 내적 증거입니다.

우리는 두 가지 사실을 깊이 깨달아야 합니다. 첫째, 성경 말씀을 통해 예수님을 발견해야 한다는 사실입니다. 산에 가서 도를 닦아야 예수님을 발견하는 것이 아닙니다. 어떤 특별 계시를 받았다고 하더라도 성경 말씀으로 돌아와야 예수님을 만날 수 있습니다. 기독교 신앙은 성경 말씀에서 시작해 성경 말씀으로 끝납니다.

구원 받은 사실을 어떻게 알 수 있느냐는 질문에는 성경 말씀을 근거로 대답해야 합니다. 구원을 받은 것도, 성령을 받은 것도, 천국에 간다는 것도 모두 성경 말씀에 근거를 둬야 합니다. 개인적인 느낌이나 경험에 의존해서는 안 됩니다. 절대로.

둘째, 성령님의 내적 증거가 있어야 한다는 사실입니다. 성경 말씀의 증거와 성령님의 내적 증거가 합쳐져야 예수 그리스도께서 하나님의 아들이며 구세주이심을 믿게 됩니다.

제자들이 예수님을 증거하다

결정적인 두 번째 증거로 제자들의 증거를 들 수 있습니다. 예수님과 제자들은 3년간 동고동락(同苦同樂)했습니다. 처음에는 제자들이 불완전하고 인간적인 믿음으로 예수님을 따라다녔습니다.

오늘날도 마찬가지입니다. 교회에 다니는 모든 사람이 다 성령님을 체험하는 것은 아닙니다. 그들 중에 불완전한 믿음도 있고, 인간적인 믿음도 있습니다. 그냥 교회에 왔다 갔다 하는 사람도 있습니다. 인간의 의지로 믿으려고 하기 때문입니다. 인간이 하는 일에는 한계가 있기 마련입니다. 그러나 성령님이 임하시면, 믿음이 새로워집니다. 결국 선한 결과를 낳습니다.

제자들은 예수님의 죽음과 부활을 경험하면서 조금씩 바뀌어갑니다. 마침내 오순절에 성령님이 강림하시면 제자들은 완전히 달라질 것입니다. 성령님이 임재하시면, 우리는 변함없이 주님을 섬기고 따를 수 있습니다.

나는 1965년 입석이라는 곳에서 성령님을 체험하고, 예수님을 만났습니다. 성령님을 체험한 뒤로는 지금까지 신앙생활에 굴곡

이 한 번도 없었습니다. 그 사실이 스스로 놀랍기도 합니다. 나는 인생의 우여곡절을 꽤 많이 겪었습니다. 하지만 어떤 어려움에도 주님을 떠나 본 적이 없습니다. 믿음의 경주에서 일탈해 본 적이 없습니다. 내가 성숙하고 온전했다는 뜻이 아니라 많은 실수가 있었지만, 하나님이 그것을 별로 중하게 여기지 않으시고 항상 인도해 주셨기에 가능했던 일입니다. 처음으로 성령님을 체험했던 그때의 감동을 지금도 잊지 못합니다.

우리는 날마다 성령님과 영적 교제를 나누어야 합니다. 그럼으로써 잦은 실수와 허물에도 불구하고, 주님이 항상 지켜 주시고 인도해 주시는 체험을 해야 합니다.

예수님은 열두 제자뿐 아니라 사도 바울, 전도자 빌립, 스데반 집사 등 다른 제자들에게도 영적 체험의 기회를 주셨습니다. 성령님을 체험한 그들은 죽을 때까지 예수 그리스도를 증거하는 삶을 살았습니다. 스데반은 최초의 순교자가 되었고, 전도자 빌립은 에티오피아 내시에게 세례를 베풀었으며 사도 바울은 최초의 선교사가 되었습니다. 이들의 삶을 보면, 세상에서 예수 그리스도를 증거할 때는 핍박과 환난이 따르기 마련이라는 영적 진리를 깨닫습니다.

내가 이 모든 것을 너희에게 말한 것은 너희가 믿음에서 넘어지지 않게 하려는 것이다(요 16:1).

실제로 그리스도인이 예수님을 증거할 때면 여러 가지 어려움에 부딪히곤 합니다. 그때마다 어려움을 이겨 내고 승리할 수 있도록 도우시는 분이 바로 성령님입니다. 따라서 성령님의 임재와 고난은 항상 같이한다고 말할 수 있습니다. 성령님이 임하시면, 우리는 예수 그리스도에 관해 알게 되고, 예수님이 곧 주님이심을 증거하게 됩니다.

주님을 증거할 때 당하는 핍박과 환난에 관해 예수님이 두 가지 사실을 가르쳐 주십니다.

> 사람들이 너희를 회당에서 쫓아낼 것이다. 그리고 너희를 죽이는 사람마다 자신이 하는 일이 하나님을 섬기는 일이라고 여길 때가 올 것이다(요 16:2).

첫째, 출회를 당하게 됩니다. 세상 사람들은 예수님을 증거하는 사람들을 환영하지 않을뿐더러 아예 내쫓아 버립니다. 소위 '왕따'를 시키는 것입니다. 때로는 이단이라는 누명으로, 때로는 사회를 혼란케 하는 무리로 몰아서 출회시킵니다.

둘째, 죽임을 당하게 됩니다. 세상 사람들은 종교적인 이유를 들어 예수님을 증거하는 사람들을 죽이려고 합니다. 심지어 하나님을 핑계로 삼기도 합니다. 기독교 역사는 한마디로 순교의 역사입니다. 지금까지도 순교는 계속되고 있습니다. 오늘날 한국을 비롯해 많은 나라에서 기독교가 큰 세력을 형성하고 있음에도 불구하고, 세상이 공허한 이유는 교회 안에 진정한 순교자가 없기 때문입니다. 그래서 변화의 능력을 상실했는지도 모릅니다. 매우 안타까운 현실입니다.

예수 그리스도를 증거하다가 출회를 당하거나 목숨까지 잃게 되는 것이 기독교의 역사입니다. 기독교는 순교를 통해 세상을 변화시켜 왔습니다. 핍박이나 환난을 당할 때, 이겨 낼 수 있는 방법은 오직 성령 충만뿐입니다.

'성령을 받았다'는 사실을 좀 더 높은 차원에서 이해할 필요가 있습니다. 성령을 받은 후에 건강해지고, 모든 일이 잘 풀렸다는 간증에서 한 걸음 더 나아가 성령의 능력으로 모든 환난과 핍박을 이겨 낼 수 있음을 보여 주어야 합니다. 그럼으로써 어떤 고난이나 좌절이나 두려움도 능히 뚫고 나아가는 승리의 삶을 살 수 있기를 축원합니다.

4부

안에서 샘솟는 기쁨

요한복음 16:5 - 33

성령님이 하시는 모든 일은 오직 예수님의 영광을 나타내는 것입니다.

성령님의 역사는 예수님을 확실히 드러냅니다.

카메라의 초점을 잘 맞추지 못하면, 안개가 낀 것처럼 뿌옇게 보입니다.

하지만 초점을 정확하게 맞추면. 모든 것을 선명하게 볼 수 있습니다.

마찬가지로 성령님과 연합하면, 예수님의 실체를 선명하게 볼 수 있습니다.

자기 인생도 분명하게 들여다볼 수 있습니다.

17

예수님은 가시고
성령님이 오시다

요한복음 16:5-11

예수님이 떠나시는 이유

인생에는 세 가지 본질적인 질문이 있습니다.

첫째, "인생은 어디서 왔는가?"라는 기원에 관한 문제입니다.

둘째, "인생은 왜 사는가?"라는 존재에 관한 문제입니다.

셋째, "인생은 죽어서 어디로 가는가?"라는 내세에 관한 문제입니다.

첫 번째 질문에 관해 생각해 봅시다. 어떤 사람은 인생이 우연히 생겨났다고 생각합니다. 어떤 사람은 실수로 세상에 태어났다고 말합니다. 어떤 사람은 진화의 과정을 거쳐 지금의 우리가 되었다고 주장합니다. 이도 저도 아닌 사람은 삶에 의미를 부여할 필요가 없다고 말합니다. 그리고 그리스도인은 하나님이 인생을 창조하셨다고 고백합니다.

두 번째 질문에 관해 생각해 봅시다. 어떤 사람은 먹기 위해 산다고 말합니다. 어떤 사람은 종족 번식을 위해 산다고 생각합니다. 어떤 사람은 일하기 위해 산다고 주장합니다. 그리고 그리스도인은 하나님의 영광을 위해 산다고 고백합니다.

세 번째 질문에 관해 생각해 봅시다. 어떤 사람은 죽은 후에는 아무것도 없으며 죽음으로 끝이라고 말합니다. 어떤 사람은 죽음

후에 죽은 혼령이 세상을 떠돌아다닌다고 생각합니다. 그리고 그리스도인은 죽은 후에 천국이나 지옥으로 가게 된다고 고백합니다.

이처럼 인생에 관한 정의는 사람마다 제각기 다릅니다.

예수님은 인생의 세 가지 질문에 이렇게 답하십니다.

이제 나는 나를 보내신 분에게로 간다. 그러나 너희 중에 '어디로 가십니까?'라고 묻는 사람이 없고 도리어 내가 한 말 때문에 너희 마음에 슬픔이 가득하구나(요 16:5-6).

"내가 곧 세상을 떠날 테지만, 그렇다고 사라지는 것이 아니라 나를 보내신 아버지께로 돌아가는 것뿐"이라고 분명히 밝히신 것입니다.

사도 바울은 예수님에 관해 이렇게 말합니다.

여러분 안에 이 마음을 품으십시오. 이것은 그리스도 예수 안에 있던 마음이기도 합니다. 그분은 본래 하나님의 본체셨으나 하나님과 동등됨을 기득권으로 여기지 않으시고 오히려 자신을 비워 종의 형체를 가져 사람의 모양이 되셨습니다. 그리고 그분은 자신을 낮춰 죽기까지 순종하셨으니, 곧 십자가에 달려 죽으신 것입니다(빌 2:5-8).

예수님은 "본래 하나님의 본체셨으나" "자신을 비워 종의 형체를 가져 사람의 모양이" 되셨고, 온 인류의 죄를 짊어지고 대신 십자가에서 죽으셨다가 부활하시어 자기를 보내신 하나님 아버지께로 돌아갈 것이라고 말씀하십니다.

문제는 예수님과 가장 가까이 지냈던 제자들이 이 진리를 전혀 알아듣지 못한다는 것입니다. 예수님이 어디로 가신다는 것인지 이해하지 못한 제자들은 "마음에 슬픔이 가득"할 수밖에 없습니다.

사안이 아무리 복잡해도, 그 내용을 찬찬히 살펴보고 파악한 뒤에는 불안감이 가시기 마련입니다. 그리스도인은 죽은 후에 천국으로 갈 것이라는 진리를 안 뒤로는 죽음을 두려워하지 않게 됩니다. 죽음이란 육신의 형태를 벗는 것뿐이기에 근심하지도 말고, 두려워하지도 말아야 합니다.

> 그러나 내가 진실로 진실로 너희에게 말한다. 내가 떠나가는 것이 너희에게 유익하다. 내가 떠나가지 않으면 보혜사가 너희에게 오시지 않을 것이다. 그러나 내가 가면 너희에게 보혜사를 보내 주겠다 (요 16:7).

이별을 좋아하는 사람은 없습니다. 헤어짐은 누구에게나 슬픈 법입니다. 그런데 예수님은 자신이 떠나는 것이 제자들에게 "유익"이라고 말씀하십니다. 그것은 또한 온 인류에게도 복된 일입니다.

하나님은 아브라함에게 "네 고향, 네 친척, 네 아버지의 집을 떠나 내가 네게 보여 주는 땅으로 가거라"(창 12:1)라고 명령하셨습니다. 또 모세에게도 이집트를 떠나 약속하신 가나안 땅으로 들어가라고 말씀하셨습니다. 이처럼 그리스도인은 현실에 안주하는 사람이 아니라 미지의 세계로 떠나는 사람입니다. 궁극적으로 우리는 이 세상에서 살다가 천국으로 떠날 존재들입니다.

예수님이 말씀하시는 "진실로"는 영적으로 무엇을 의미합니까? 세상 사람들은 국가나 사회나 민족이 영원할 것처럼 목소리를 높입니다. 그러나 국가든 사회든 민족이든 "진실로" 영원한 것은 없습니다. 땅 위에 있는 어떤 것도 영원하지 않습니다.

떠남의 원리와 진리를 모른 채 살아가는 사람은 반드시 방황하게 되어 있습니다. 떠나기 위해 출발했는데, 목적이 없다면 방황할 수밖에 없습니다. 하지만 떠남의 목적을 안다면, 즐거운 인생이 됩니다. 우리는 언젠가 이 세상을 떠날 텐데, 그것을 미리 알고 준비하는 사람은 밝고 건강한 미래를 약속받을 수 있습니다.

예수님이 떠나지 않으시면 보혜사 성령님이 우리에게 오시지 않습니다. 예수님이 떠나셔야만 보혜사 성령님이 우리에게 오시는 것입니다.

본문을 준비하면서 제목 때문에 잠시 갈등했습니다. "예수님은 가시고, 성령님이 오시다"라는 제목이 어떨까 고민했는데, 마치 신파극 제목 같은 느낌이 들었기 때문입니다. 하지만 그 속에 놀라운 진리가 들어 있습니다. 예수님이 승천하시면, 그때서야 성령님이 세상에 오신다는 진리 말입니다.

예수님은 하나님의 아들이시지만, 온 인류를 구원하기 위해 인간의 몸을 입고 이 땅에 오셨습니다. 그리고 십자가에 못 박혀 죽으심으로써 좌절과 절망과 죽음에 빠져 있는 인류를 구원하셨습니다. 이것이 예수님이 지상에서 이루신 업적입니다.

그렇다면 예수님이 죽음을 이기고 부활하셔서 인류의 구원을 완성하신 것을 누가 대대에 걸쳐 온 인류에게 전할 수 있겠습니까? 바로 성령님입니다. 성령님이 계시지 않았다면, 아마도 예수님은 지금까지도 인간의 모습으로 지상에 계셔야 할 것입니다. 전 세계를 돌아다니면 친히 구원의 소식을 전하셔야 했을지도 모릅니다. 2,000년 전부터 오늘날까지 집집마다 다니시며 일일이 사람들을 만나고 복음을 증거하셔야 했을 것입니다. 그런 방식으로 온 인류의 구원을 이룰 수 있을까요?

시공을 초월해 활동하시는 성령님

예수님이 인류의 구원을 완성하셨더라도 모든 세대에 걸쳐 민족과 종족과 언어와 문화를 초월해 그 소식을 전하지 못한다면 아무 소용 없습니다. 예수 그리스도의 구원의 복된 소식을 온 인류에게 증거하려면 성령님이 세상에 오시는 수밖에 없습니다. 영으로 오시는 그리스도만이 시간과 공간을 초월해 세대를 이어 온 열방에 복음을 전할 수 있기 때문입니다.

그래서 예수님이 세상을 떠나가셔야 하는 것입니다. 예수님이 오셨던 곳으로 돌아가셔서 성령님을 보내 주실 것입니다. 그리고 성령님이 오셔야 모든 세대가 성령님의 음성으로 복음을 들을 수 있습니다. 할렐루야!

인간은 자기 힘으로는 예수님을 만날 수 없습니다. 개인이 예수님을 만나려면, 타임머신을 타고 2,000년 전 갈릴리로 돌아가야 할 것입니다. 그 시절 그곳으로 돌아간다고 해도 군중을 헤집고 들어가야만 예수님을 만날 수 있을 것입니다. 갈릴리 해변가에 사람들을 가득 운집시킨다고 해도 기껏해야 2-3만 명 정도일 테니 현장에서 복음을 듣고 구원을 받을 수 있는 사람은 극히 제한적일 수밖에 없습니다.

그러므로 예수님이 떠나가시는 것이 결코 슬프거나 손해되는 일은 아닙니다. 모든 사람에게 복음을 전할 수 있는 복된 일인 것입니다.

성령을 받는 것을 작은 일로 여겨선 안 됩니다. 그러나 성령님이 세상에 오신 본래 목적은 모든 세대의 인류에게 예수 그리스도의 복음을 증거하는 일임을 기억하십시오.

그러면 성령님이 세상에 오셔서 하시는 일은 무엇입니까?

보혜사가 오시면 죄에 대해, 의에 대해, 심판에 대해 세상을 책망하실 것이다(요 16:8).

이 말씀을 제대로 이해하려면, "책망"의 뜻을 알아야 합니다. 책망이란 단순히 잘못을 지적하고 꾸짖는 것만을 의미하지 않습니다. 진실을 알 때까지 사람들의 마음을 계속 두드리고 움직이며 흔든다는 의미가 포함되어 있습니다. 성령님이 세상에 오셔서 우리에게 진리를 알도록 깊이 역사하신다는 뜻입니다.

책망은 영적 권세가 있는 말입니다. 분명한 증거와 정확한 판단과 영적이고 초자연적인 감수성과 통찰력이 있어야만 올바로 책망할 수 있는 일이기 때문입니다. 알렉산드리아의 유대 학자 필로(Philo)은 "책망은 사람이 회개할 때, 영혼의 양심을 지켜 주는 것"이라고 말합니다.

우리가 예수님을 믿을 때, 성령님이 죄와 의와 심판을 통해 진리를 알 수 있도록 때로 채찍을 가하시거나 때로 격려하시면서 지속적으로 깨닫게 도우신다는 뜻입니다. 이에 관해 좀 더 자세히 알아봅시다.

첫째, 성령님은 죄를 책망하시고, 깨닫게 하십니다. 인간은 자신이 본질적으로 죄인이라는 사실을 잘 인정하지 않습니다. 하지만 성령님이 오셔서 닫혀 있는 마음의 문을 계속해서 두드려 열게 하십니다. 하나님을 만나려 하지 않는 사람들에게 들어가셔서 자신이 죄인임을 깨닫게 하십니다. 나이가 들수록, 고난을 받을수록 그 사실을 깊이 깨닫습니다.

죄와 허물이 많은 인간은 교만하고 불순종하는 존재입니다. 그러나 인간은 그 사실을 인정하지 않은 채 내면을 철옹성처럼 지킵니다. 그것을 성령님이 뚫고 들어가시는 것입니다.

둘째, 성령님은 의에 대해 책망하시고, 깨닫게 하십니다. 성령님은 우리 안에 구원받을 만한 의가 전혀 없다는 사실을 일깨워 주십니다. 인간은 누구나 처음에는 자신이 의롭다고 여깁니다. 그래서 자기 주장을 강하게 펼칩니다. 자기 자신은 법 없이도 살 수 있을 정도로 착한 사람인 줄 압니다. 자기 의로 살 수 있으며, 선행을 통해 구원을 얻을 수 있다고 착각하기도 합니다.

성령님이 오셔서 우리 생각을 깨뜨려 주십니다. 인간의 선한 의지가 자기 자신을 구원할 수 없다는 사실을 가르쳐 주십니다. 그리고 의의 본질에 관해 말씀해 주십니다.

셋째, 성령님은 심판에 대해 책망하시고, 깨닫게 하십니다. 개인의 종말이 있고, 지구의 종말이 있습니다. 20-30대 나이에 죽음을 생각하는 사람은 그리 많지 않습니다. 영원히 죽지 않을 것처럼 살다가 더 나이가 들고, 병이 들면 인생은 영원하지 않다는 것을 깨닫습니다.

성령님이 그것을 깨닫게 해 주시는 것입니다. 그리고 죽음 후에 있을 심판에 관해 생각하게 하십니다. 성령님은 우리가 죄에서 벗어나 진리의 본질에 이를 수 있도록 지속적으로 우리를 인도해 주십니다.

예수님을 믿지 않는 것이 죄다

성령님은 죄에 관해 어떻게 가르치십니까?

'죄에 대해'라고 한 것은 사람들이 나를 믿지 않기 때문이요(요 16:9).

성령님은 죄에 관해 깨닫게 해 주시는데, 그 죄는 한마디로 '예수님을 믿지 않는 죄'입니다. 인간은 성령님을 만나기 전에는 이 말씀에 동의하지 않습니다. 그러나 성령님이 임하시면, 한순간에 전적으로 동의하게 됩니다. 그러므로 인간의 이성이나 사고로는 죄를 깨달을 수 없고, 성령님의 도우심에 전적으로 의지해야 합니다.

'의에 대해'라고 한 것은 내가 아버지께로 가므로 너희가 다시는 나를 볼 수 없기 때문이요(요 16:10).

의는 선행을 하거나 죄 없는 상태를 말하는 것이 아니라 예수님 자체를 의미합니다. 예수님의 의는 십자가에 못 박혀 죽으시고 부활하셔서 하늘나라로 올라가심으로써 완성됩니다. 우리는 선하게 사는 것이 아니라 예수님을 믿는 것으로 의롭다 함을 얻습니다. 이 것도 인간의 이성이나 사고로 이해할 수 없고, 오로지 성령님이 오셔서 역사하셔야만 이해할 수 있습니다.

> '심판에 대해'라고 한 것은 이 세상의 통치자가 심판을 받았기 때문이다(요 16:11).

사람들은 여간해서는 사탄과 귀신의 존재를 인정하지 않으려고 합니다. 그러면서도 건물을 짓거나 어떤 일을 시작할 때면, 돼지머리를 갖다 놓고 고사를 지내니, 그 모습을 보면 참으로 어이가 없습니다. 사탄이 죽었다는 사실을 영적으로 깨닫게 하시는 것도 성령님의 역사입니다. 이런 사실을 알고 있어야 영적 구원과 진실에 관한 것을 이해할 수 있고, 그래야 믿음이 자랍니다. 그러면 우리가 주님의 기쁨을 맛볼 수 있습니다.

요한복음 14-15장은 로마서 8장과 더불어 '성령의 장'이라고 해도 과언이 아닙니다.

> 내가 아버지께 구할 것이니 아버지께서 너희에게 다른 보혜사를 보

내셔서 너희와 영원히 함께 있도록 하실 것이다. 그분은 진리의 영이시다. 세상은 그분을 볼 수도 없고 알 수도 없기 때문에 그분을 받아들일 수가 없다. 그러나 너희는 그분을 안다. 그분이 너희와 함께 계시고 또 너희 안에 계실 것이기 때문이다. 나는 너희를 고아처럼 내버려 두지 않고 너희에게 다시 오겠다. 조금 있으면 세상은 나를 보지 못하겠지만 너희는 나를 볼 것이다. 내가 살아 있고 너희도 살 것이기 때문이다. 그날에 너희는 내가 내 아버지 안에 있고 너희가 내 안에 있으며 내가 너희 안에 있음을 알게 될 것이다. 누구든지 내 계명을 가지고 지키는 사람은 나를 사랑하는 사람이다. 나를 사랑하는 사람은 내 아버지의 사랑을 받을 것이고 나 또한 그 사람을 사랑하고 그 사람에게 나를 나타낼 것이다(요 14:16-21).

여기서 핵심 단어는 "진리의 영"입니다. 예수님은 "너희를 고아처럼 내버려 두지 않고 너희에게 다시 오겠다"고 강조하십니다. 우리는 예수님을 직접 볼 수 없어도 아쉬워하지 않습니다. 약속대로 성령님이 오셔서 예수님이 계실 때보다 더욱 든든하게 우리를 지켜 주고 계시기 때문입니다. 실패나 죽음에 맞닥뜨려도 믿음이 흔들리지 않는 것은 바로 성령님의 역사 덕분입니다.

내가 아버지께로부터 너희에게 보낼 보혜사, 곧 아버지께로부터 오시는 진리의 성령이 오시면 그분이 나를 증거해 주실 것이다. 너희도 처음부터 나와 함께 있었으므로 내 증인들이 될 것이다(요 15:26-27).

성령님이 오셔서 예수님에 관한 모든 진리를 깨닫게 해 주십니다. 부활과 천국과 미래에 관한 진리도 마찬가지입니다.

험한 세상을 살아 갈때, 가장 중요한 것은 기름 부으심과 같은 성령 충만을 체험하는 일입니다. 성령 충만을 위해 기도하십시오.

18

진리의
성령님

요한복음 16:12-15

모든 것을 깨우쳐 알게 하시는 성령님

예수님은 성령님이 오셔서 죄에 대하여, 의에 대하여, 심판에 대하여 세상을 책망하시며 우리를 깨우쳐 주실 것이라고 말씀하셨습니다. 사람은 자신이 죄인임을 인정하지 않으려고 하는 경향이 있습니다. 죄를 짓기는 했지만, 나만 죄지은 게 아니라고 주장하며 책임을 회피하려고 듭니다.

그러나 성령님이 임하시면 달라집니다. 강퍅했던 마음이 녹아내리며, 자기 죄와 허물을 스스로 인정하게 됩니다. 또한 성령님이 임하시면 자기 주장이나 자기 합리화를 자연스럽게 포기하게 됩니다. 그리고 그 모든 일이 위선이요 거짓임을 스스로 고백하게 됩니다. 성령님이 임하시면 세상에 종말이 있다는 사실을 분명하게 깨닫습니다. 하나님을 믿지 않는 사람들은 세상에 종말이 있다는 사실을 믿으려 하지 않습니다. 마치 죽지 않고 영원히 살 것처럼 착각하며 살아갑니다. 그러나 세상은 지금도 종말을 향해 달리고 있습니다.

이런 영적 깨달음은 한번에 이뤄지지 않습니다. 믿음의 수준만큼 조금씩 깨달아집니다. 이것이 성령님의 역사입니다.

아직도 내가 너희에게 할 말이 많지만 지금은 너희가 그 말들을 알
아듣지 못한다(요 16:12).

어린아이는 자기 수준에 맞는 경험과 지식과 정보로써 사물을
판단합니다. 따라서 아무리 크고 좋은 것을 가졌더라도 그에 관한
이해력과 판단력이 부족하여 깨닫는 능력도 미약한 편입니다. 사
회에서 관계를 맺고, 세상을 경험하며 성장해 감에 따라 이해력과
판단력과 통찰력이 길러집니다.

영적인 세계에서 우리도 어린아이와 마찬가지입니다. 하나님에
관해 처음부터 모든 것을 알 수 없습니다. 아무리 믿음의 높은 세
계에 들어간다고 해도 한번에 알 수 있는 방법은 없습니다.

예수님은 제자들에게 들려주실 말씀이 굉장히 많지만, 그들에
게 알아들을 능력이 없음을 아시고 "너희가 그 말들을 알아듣지
못한다"고 말씀하며 삼가십니다. 성령님에 관해 많은 것을 가르쳐
주길 원하시지만, 제자들이 그것을 알아들을 능력이 없는 것입니
다. 예수님이 떠나시고 나면, 성령님이 오셔서 그들의 영안을 열어
주실 것입니다. 그때서야 영적 비밀을 깨달을 것입니다. 이것이 우
리에게 유익이며 축복입니다.

인간은 자기 이성과 양심으로써 죄와 의와 심판에 관해 스스로
깨달을 능력이 없습니다. 능력 없음을 인정하지도 않습니다. 성령
님이 오셔서 책망하실 때, 비로소 눈물을 쏟으며 깨달을 것입니다.

그러나 진리의 성령 그분이 오시면 너희를 모든 진리 가운데로 인
도하실 것이다. 그분은 자기 생각대로 말씀하시지 않고 오직 들은
것만을 말씀하시며 또한 앞으로 일어날 일들을 너희에게 말씀하실
것이다(요 16:13).

우리는 성령님을 묘사할 때, 흔히 바람같은 성령님 또는 불같은
성령님 혹은 비둘기 같은 성령님으로 표현합니다. 여기서 예수님
은 성령님의 본질을 정확하게 꿰뚫어 묘사해 주십니다. 보혜사 성
령님은 곧 "진리의 성령"이시라는 것입니다. 성령님이 영원히 변
치 않는 하나님의 말씀이라는 뜻입니다.

대부분의 사람은 성령님에 관해 크게 오해하고 있습니다. 성령
님은 새로운 계시요 하나님의 음성이요 어떤 영적 경험이라고 생
각하는 것입니다. 그래서 사람들은 그런 현상이나 체험을 얻기 위
해 성령을 받고자 원합니다.

우리가 성령님에 관해 오해하고 있는 것들 중에 하나가 바로 인
격에 관한 부분입니다. 성령님에 관해서는 체험적인 요소보다 인
격적인 요소가 훨씬 더 중요합니다. 그런데 우리가 성령님의 인격
에 관해 깊이 알지 못하기 때문에, 대부분 성령을 받으면 능력을
행하긴 해도 인격적인 결함은 여전히 남는 것입니다.

또한 중요한 것은 성령님이 진리의 영이시라는 사실입니다. 여
기서 진리란 영원히 변하지 않는 절대 가치를 말합니다. 이 세상에

서 변하지 않는 절대 가치는 하나님의 말씀 외에는 아무것도 없습니다.

성령님은 하나님의 진리의 말씀에 근거하여 일하시는 분입니다. 대개 우리는 성령님에 관해 깊이 생각하지 않고, 나타나는 현상과 능력에만 초점을 맞추어 성령 충만을 체험적인 것으로 간주해 버립니다. 그러나 성령님은 어떤 감정이나 환상이나 현상이 아니십니다.

진리의 성령이란 하나님의 말씀을 의미합니다. 성령님은 원래 인격을 지닌 하나님이시고, 예수님의 영이시며 진리의 말씀이십니다. 영어 성경에선 "진리의 성령"(the Spirit of truth) 앞에 정관사 the를 붙임으로써 성령이 인격체이심을 분명히 밝히고 있습니다.

인격이시며 진리이신 성령님이 오시면, 세 가지 역할을 담당하십니다. 즉 "죄에 대해, 의에 대해, 심판에 대해 세상을 책망"하시며 우리로 하여금 그것을 깨닫게 하십니다.

첫째, 진리의 말씀이신 성령님은 우리를 "모든 진리 가운데로 인도"해 주십니다.

둘째, 진리의 말씀이신 성령님은 "자기 생각대로 말씀하시지 않고 오직 들은 것만을" 말씀해 주십니다.

셋째, 진리의 말씀이신 성령님은 과거나 현재만 알게 하시는 게 아니라 "앞으로 일어날 일들"에 관해서도 알게 하십니다.

진리로 인도하시는 성령님

성령님이 오셔서 하는 첫 번째 일에 관해 생각해 보겠습니다. 우리는 세상을 살아갈 때, 무엇이 옳고 그른지에 관해 가치 기준을 갖고 있습니다. 가치란 시대와 사상과 문화와 환경에 따라서 그 기준이 얼마든지 달라질 수 있습니다. 가치 기준이 계속 변하다 보면, 세상에 영원한 것은 아무것도 없게 됩니다. 하지만 진리의 성령님이 오시면 우리를 "모든 진리 가운데로 인도"해 주셔서 영원히 변하지 않는 가치를 깨닫게 하신다는 것입니다.

사람은 개인의 차이, 사고방식의 차이, 체질이나 취향의 차이에 따라 생각하는 것이 모두 다릅니다. 어떤 사물을 볼 때, 이 사람은 좋다고 말하고, 저 사람은 나쁘다고 말합니다. 이렇게 모두 제각각이면 진정한 가치 기준이 없게 됩니다. 그러나 진리는 시대를 초월하고 상황을 뛰어넘어 항상 변하지 않는 바른 기준을 말합니다. 그게 바로 하나님 말씀인 것입니다.

따라서 우리는 세상을 살아가는 기준이 저마다 다르지만, 진리의 성령님이 오시면 모든 것을 평정할 수 있는 바르고 확고한 가치 기준을 확립해 주신다는 것입니다. 세상의 기준으로 판단해 왔던 것을 하나님의 기준으로 바꾸고, 세상의 상식으로 생각하던 것을 하나님의 말씀을 근거로 생각하게 됩니다.

그런데 우리는 옛날 스타일이나 자기 고집대로 사는 것이 좋다고 여깁니다. 옛날부터 익숙해 온 것을 깨뜨리고 부수어 새롭게 바꾸기가 귀찮고 두려운 것입니다. 그래서 우리 삶이 불행하고, 갈등 투성이입니다. 안타깝게도 그것을 모르는 사람이 아직도 많습니다. 가치 기준을 바꾸어야 변화가 가능합니다.

진리의 성령님이 오시면, 모든 잘못된 것을 고치고 바꾸십니다. 구부러진 것을 펴시고, 부족한 부분을 채우시며, 고장 난 것을 고쳐 완전한 진리 가운데로 인도하십니다.

두 번째 일에 관해 알아보겠습니다. 진리의 성령님이 오시면, "자기 생각대로 말씀하시지 않고 오직 들은 것만을" 말씀하십니다. 진리의 성령님은 예수님께 들으신 것을 가감 없이 그대로 말씀하십니다. 예수님 말씀을 항상 증거하시고, 그분을 높이십니다. 성령님의 특징은 예수님께 초점을 맞추고 그분께 집중하게 하시는 것입니다.

예수님을 처음 믿을 때, 대부분 두 가지 갈등을 겪게 됩니다. 하나는 어떻게 예수님이 인간이면서 동시에 하나님일 수 있는가 하는 것입니다. 인간이면 인간이고, 하나님이면 하나님이지 어떻게 인간이면서 동시에 하나님이 되느냐는 것입니다. 이것은 인간의 경험으로는 이해되지 않는 부분입니다.

또 하나는 어떻게 하나님이 예수님이고, 예수님이 성령님인가 하는 것입니다. 삼위일체에 관해선 이론적으로 이해가 되어도, 마음에는 확신이 서지 않는다고 말하는 사람이 많습니다. 그런데 성령님이 오시면, 예수님이 하나님이고, 또 인간이신 것이 이해되고,

또 예수님이 하나님이고 성령님이신 것도 이해됩니다. 놀라운 변화입니다.

인간의 사고 체계로는 요한복음 16장 13절 말씀을 완전히 이해하기는 어렵습니다. 하지만 성령님이 오시면, 우리의 잘못된 가치 기준과 판단 체계를 고치시고, 우리를 진리 가운데로 인도하시어 우리에게 삼위일체 하나님의 오묘한 진리를 가르쳐 깨닫게 해 주십니다.

성령님은 철두철미하게 예수님께 들은 것만을 말씀하시며, 예수님에 관해서만 말씀하십니다. 또한 예수님에 관해 모든 것을 보여 주시며 증거하십니다.

인간 예수는 누구나 알고 있습니다. 그러나 하나님의 아들이신 예수님에 관해선 잘 모릅니다. 성령님이 임하여 깨닫게 해 주셔야만 알 수 있는 부분이기 때문입니다. 예수님이 십자가에 못 박히신 것은 누구나 알고 있는 사실입니다. 그러나 예수님이 십자가에서 죽으시고 부활하신 사실은 성령님이 임하여 깨닫게 해 주셔야만 제대로 알 수 있습니다.

장래 일을 알게 하시는 성령님

세 번째 일에 관해 살펴보겠습니다. 진리의 성령님이 오시면, 과거나 현재의 일뿐 아니라 "앞으로 일어날 일들"도 알게 해 주십니다.

성령을 받은 사람의 특징은 미래에 관해 아는 것이 많아진다는 것입니다. 미래를 아는 사람은 불안해하지 않습니다.

진리의 성령님이 오신다는 데는 예언적인 의미가 있습니다. 진리의 성령님이 오시면, 옳고 그름에 관한 가치 기준을 깨닫게 해 주십니다. 또한 우리를 진리 가운데로 인도해 주십니다. 그리고 미래 일도 알게 해 주십니다. 이것을 가리켜 꿈 또는 환상 또는 비전이라고 합니다.

꿈과 환상과 비전을 가진 사람은 미래가 있습니다. 지금 가난하고 병들어 실패 가운데 있을지라도 슬퍼하거나 좌절하지 않습니다. 미래를 이미 보고 있기 때문입니다.

성령을 받은 사람은 자기 과거와 현재도 보지만, 미래에 관해서도 볼 수 있습니다. 어느 길로 가야 할지, 무슨 일을 해야 할지 알게 됩니다. 그래서 성령을 받은 사람이 신학교나 선교사로 자원하여 나가는 것입니다. 성령님이 그의 인생 비전을 보여 주시기 때문입니다.

왜 우리는 사도행전적 교회를 꿈꿉니까? 왜 비전 교회를 설계합니까? 성령님으로 말미암아 미래의 비전을 보기 때문입니다. 우리 교회가 그동안 파송한 선교사가 1,100명이 넘었고, 현재 활동하고 있는 파송 선교사는 600명에 가깝습니다(2004년 현재).

왜 선교사들이 복음의 사각지대로 떠날까요? 성령님이 미래의 비전을 보여 주시기 때문입니다. 우리에게 미래가 없다면 아무것도 할 수 없습니다. 우리가 미래를 보지 못한다면, 현실은 아무런 의미가 없는 것입니다.

이렇게 좋은 성령님이 찾아오셨는데, 왜 방황합니까? 내일 일어날지도 모를 일 때문에 왜 전전긍긍합니까? 자신이 점점 더 초라해지는 것 같고, 비참하게 느껴집니까? 마음에 헛된 것을 품고, 절망감으로 삶을 포기하고 싶습니까?

무엇보다도 성령님이 찾아와 주시기를 간구하는 기도부터 먼저 해 보십시오.

예수님의 뜻을 알리시는 성령님

성령님이 오시면, 예수님이 보이고 미래가 보이며 희망이 보이고 잘못된 모든 것이 바로잡힙니다. 인생에 의미가 생기고, 사업에 목적이 생기며 자녀 교육에 희망이 생기고, 건강에 자신감이 생깁니다. 매일의 삶이 항상 기쁘고 즐거우며 감동적으로 됩니다. 예수님을 믿는다는 것이 사실로 확인됩니다.

그분은 내 것을 받아서 너희에게 알려 주실 것이므로 나를 영광되게 하실 것이다(요 16:14).

진리의 성령님의 역사에는 한 가지 목표가 있습니다. 성령님이 하시는 모든 일은 오직 예수님의 영광을 나타내는 것입니다. 성령님은 예수님을 확실하게 드러내십니다.

카메라의 초점이 잘 안 맞으면 안개가 낀 듯이 뿌옇게 보입니다. 하지만 초점을 정확히 맞추면 어떻게 됩니까? 모든 것이 선명해집니다. 마찬가지로 성령님과 연합하면, 예수님의 실체를 선명하게 볼 수 있습니다. 자기 인생도 분명하게 들여다볼 수 있게 됩니다.

> 아버지께 속한 모든 것은 다 내 것이다. 그렇기 때문에 성령께서 내 것을 받아서 너희에게 알려 주실 것이라고 말하는 것이다(요 16:15).

예수님은 하나님께 있는 것은 모두 "내 것"이라고 말씀하십니다. 그리고 성령님이 "내 것"을 받아서 우리에게 알려 주신다고 말씀하십니다. 이처럼 성령님은 예수님의 모든 것을 소유하신 분입니다. 할렐루야!

성령님을 아는 것이 곧 신앙의 깊이입니다. 성령님과 깊이 있는 만남을 가지십시오. 성령님을 더욱 깊이 체험하십시오. 그렇게 함으로써 예수님을 보고 진리를 보며 자기 미래를 들여다보십시오.

19

빼앗길 수 없는
기쁨

요한복음 16:16-24

이성으로 풀 수 없는 부활의 진리

예수님은 성령님을 두 가지로 표현하십니다. 하나는 "보혜사"(요 16:7)이고, 다른 하나는 "진리의 성령"(요 16:13)입니다. 누가는 성령님을 "급하고 강한 바람 같은 소리"(행 2:2)로 묘사하거나 "불 같은 혀들이 갈라지는"(행 2:3) 형상으로 묘사했습니다. 요한은 "성령이 하늘에서 비둘기같이"(요 1:32) 내려왔다고 묘사합니다.

보혜사 성령님은 세상에 오셔서 세 가지 일을 하십니다. 죄에 대해, 의에 대해, 심판에 대해 세상을 책망하시는 것입니다. 세상 사람들이 자기는 아무 죄도 저지르지 않았다고 제아무리 우겨도, 보혜사 성령님이 죄를 깨닫게 하시면 누구든 죄인임을 인정할 수밖에 없습니다. 이것이 성령님의 역사입니다.

또한 보혜사 성령님은 세상 끝 날에 있을 심판을 알게 하십니다. 그럼으로써 사람들이 겸손해지고, 자기 한계를 고백하며 종말을 대비하는 역사가 일어나게 됩니다.

진리의 성령님은 이 땅에서 세 가지 역할을 수행하십니다. 우리를 "모든 진리 가운데로 인도"하시고, "자기 생각대로 말씀하시지 않고 오직 들은 것만을" 말씀해 주시며 과거나 현재만 알게 하시는 게 아니라 "앞으로 일어날 일들"에 관해서도 알게 하십니다.

보혜사 진리의 성령님이 행하시는 모든 사역은 예수 그리스도를 영광스럽게 하는 데 그 목적이 있습니다. 성령님은 결코 자신을 내세우거나 주장하지 않으십니다. 진정한 그리스도인이라면 자기 생각을 주장하는 대신에 묵묵히 하나님의 뜻에 순종하며 예수 그리스도를 영광스럽게 하는 삶을 살아야 합니다.

또 진리의 성령님은 부활 메시지를 전하십니다. 성령님과 십자가는 불가분의 관계입니다. 예수님이 십자가에서 죽으시고 부활하신 것이 곧 성령님의 역사입니다. 보혈의 강은 곧 성령의 강이고, 성령 체험은 곧 보혈 체험입니다. 성령님의 역사가 임하면, 죄 사함을 받는 보혈의 체험이 일어납니다. 절망이 희망으로 바뀌는 기적이 일어나는 것입니다.

우리 믿음에서 부활이 정점인 이유는 부활이 죽음의 권세를 이겼기 때문입니다. 불가능의 벽에 갇혀 있던 우리를 부활이 가능의 세계로 옮겨 놓았기 때문입니다.

조금 있으면 너희가 나를 더 이상 보지 못할 것이다. 그러나 다시 조금 있으면 나를 보게 될 것이다(요 16:16).

예수님의 부활은 인간의 상식과 이성으로는 이해되지 않는 영적 진리입니다. 예수님과 3년간 함께 먹고 마시며 지냈던 제자들은 예수님이 천국 말씀을 전하시고, 기적을 일으키시는 모든 일을 지켜보았습니다. 그런데도 그들은 예수님의 말씀을 이해하지 못하고 있습니다. 이것은 예수님이 십자가에서 죽으실 것과 부활하실 것을 미리 알려 주는 말씀입니다.

말씀을 마치시고 나면, 예수님은 십자가를 향해 나아가실 것입니다. 곧 십자가에 못 박혀 죽으실 것이므로 제자들은 예수님을 볼 수 없게 됩니다. 그러나 3일 후 부활하시어 다시 제자들 앞에 나타나실 것입니다. 성령을 받은 우리는 이 말씀을 듣고 금방 깨달을 수 있지만, 당시 제자들은 예수님의 말씀을 전혀 깨닫지 못했습니다.

왜냐하면 성령님이 이 땅에 오시기 전의 일이기 때문입니다. 성령님이 오셔야 부활의 진리를 제대로 이해할 수 있습니다. 인간의 이성이나 상식이나 경험 가지곤 부활의 진리를 인정할 수도, 깨달을 수도, 믿을 수도 없습니다.

예수님의 부활은 우리의 기쁨

예수의 제자들 중 몇몇이 서로 말했습니다. "'조금 있으면 너희가 나를 더 이상 보지 못하겠고 다시 조금 있으면 나를 보게 될 것이다'라고 하시면서 '내가 아버지께 가기 때문이다'라고 하시는데 이게 도대체 무슨 말씀인가?" 그들이 또 말했습니다. "무슨 뜻으로 '조금 있으면'이라고 말씀하셨을까? 무슨 말씀을 하시는지 도무지 이해하지 못하겠다"(요 16:17-18).

여기서 '모르다'라는 동사가 두 번이나 사용되고 있습니다. 제자들이 예수님의 말씀을 도무지 이해하지 못하고 있다는 뜻입니다. 그러나 우리는 예수님이 하신 말씀의 의미를 이미 알고, 또 믿습니다. 우리는 예수님을 믿고 구원을 받아 천국으로 간다는 확실한 믿음 위에 서 있습니다. 그 믿음을 굳게 잡고, 항상 "아멘, 할렐루야"로 화답하며 살아가십시오.

예수님의 부활을 확신하지 못하고 자꾸 흔들리는 사람은 인간의 이성이나 경험으로 영적 진리를 이해하려 들기 때문입니다. 부활의 진리는 인간의 능력으로는 절대로 이해할 수 없습니다.

예수님을 믿지 않아도 십자가 사건을 아는 사람은 많습니다. 또 사람들은 자신이 죽을 수밖에 없는 유한한 존재임을 알고 있고, 육신의 죽음을 피할 수 없다는 사실도 인정합니다. 그러나 그리스도인 외에는 부활을 인정하거나 믿는 사람이 드뭅니다. 그들은 인간이 어떻게 죽었다가 다시 살아난다는 것인지 도무지 이해하지 못하겠다고 말합니다.

세상의 종교와 철학과 윤리와 사상을 살펴보십시오. 부활의 개념조차 다루지 못하고 있습니다. 부활의 진리를 담을 만큼 영적 수준이 높지 않기 때문입니다.

우리는 부활이 얼마나 중요한 진리인지를 잘 알고 있습니다. 예수 그리스도께서 부활하심으로써 우리의 믿음 체계가 죽음에서 생명으로 옮겨졌습니다. 그래서 우리 믿음이 보통 믿음이 아닌 것입니다.

사람이 누구를 위해서건 무엇을 위해서건 죽는다는 것은 굉장한 사건입니다. 그러나 아무리 위대한 죽음이라도 죽음 그 자체로 끝난다면, 다른 죽음과 별반 다를 게 없습니다.

사도 바울은 부활의 믿음에 관해 이렇게 말합니다.

> 만일 죽은 사람들이 다시 살지 못한다면 그리스도께서도 살리심을 받지 못하셨을 것입니다. 만일 그리스도께서 살리심을 받지 못하셨다면 여러분의 믿음도 헛되고 여러분은 여전히 자신의 죄 가운데 있고 그리스도 안에서 잠든 사람들도 멸망했을 것입니다"(고전 15:16-18).

부활을 믿는다고 말하는 우리에게 예수님이 반문하십니다.

> 예수께서 마르다에게 말씀하셨습니다. "나는 부활이요, 생명이니 나를 믿는 사람은 죽어도 살겠고 살아서 나를 믿는 사람은 영원히 죽지 않을 것이다. 네가 이것을 믿느냐?"(요 11:25-26).

인간의 능력으로는 부활을 이해할 수 없습니다. 성령님이 임하시면, 그때서야 부활은 이해하고, 믿고, 소망하게 됩니다. 부활의 능력이 우리 삶을 뒤바꿔 놓습니다.

내가 진실로 진실로 너희에게 말한다. 너희는 울며 애통할 것이나 세상은 기뻐할 것이다. 너희가 슬퍼하게 될 것이나 너희의 슬픔은 기쁨으로 변할 것이다(요 16:20).

십자가와 부활 사건을 믿는 사람들은 이 말씀을 쉽게 이해합니다. 예수님이 십자가에 못 박히시면, 많은 사람이 통곡하고 애통해할 것입니다. 그러나 동시에 바리새인과 서기관과 대제사장들을 비롯한 세상의 대적자들은 너무 좋아서 기쁨의 춤을 출 것입니다. 주님의 죽음이 한 무리에게는 애통이 되고, 한 무리에게는 희열이 될 것입니다.

그러나 주님의 이야기는 죽음으로 끝나지 않습니다. 기독교는 죽음으로 끝나는 종교가 아닙니다. 이집트 신앙은 죽음의 종교라 그들은 스핑크스와 피라미드를 만들었습니다. 평생 무덤만 만들다가 죽어 갔습니다. 그것이 그들의 종교입니다.

예수님은 십자가에서 죽으셨지만, 죽음의 권세를 이기고 부활하실 것입니다. 그래서 예수님의 무덤은 빈 무덤이 될 것입니다. 주님은 절망이라는 무덤에 갇히실 분이 아닙니다. 만왕의 왕께서는 죽음에서 부활하여 독수리가 창공을 향해 날아가듯, 하나님 아버지께로 올라가실 것입니다.

예수님이 3일 후에 무덤에서 부활하시면, 울며 애통해하던 제자들이 가슴이 터질 듯이 기뻐할 것입니다. 그래서 기독교는 기쁨의 종교입니다. 믿는 자는 늘 기뻐합니다. 죽어도 다시 살아나고, 천국으로 향하게 되니 슬퍼하고 싶어도 슬퍼할 수가 없습니다. 믿는 자는 어떤 험한 일을 당해도 그것을 기쁨으로 바꿀 능력이 있습니다. 이것이 기독교입니다.

> 여인이 출산할 때는 걱정에 잠기게 된다. 진통할 때가 가까웠기 때문이다. 그러나 아기가 태어나면 사람이 세상에 태어났다는 기쁨 때문에 더 이상 그 고통을 기억하지 않는다. 너희도 이와 같다. 너희가 지금은 슬퍼하지만 내가 너희를 다시 볼 때는 너희가 기뻐할 것이요, 또 너희 기쁨을 빼앗을 사람이 없을 것이다(요 16:21-22).

요즘 우울증 때문에 고생하는 사람이 많습니다. 미래를 바라보는 시각도 대부분 비관적입니다. 정치, 경제, 사회 등 모든 분야에서 희망을 발견할 수 없기에 심리적 공황 상태에 빠져 있습니다.

그러나 그리스도인은 걱정하지 않습니다. 하나님이 지켜 주시고, 복을 주실 것이기 때문입니다. 다만 우리는 하나님을 향한 믿음을 놓치지 말아야 합니다. 그로써 궁극적으로 승리를 얻게 될 것입니다. 예수님처럼 부활하기를 소망하는 사람은 산이나 바다나 감옥에서나 어디서든 항상 기쁨으로 찬양할 수 있습니다.

믿음에 뿌리를 둔 부활 신앙

예수님은 부활의 기쁨은 흔들리지 않고, 빼앗기지도 않을 것이라고 말씀하십니다. 때로 믿음이 흔들릴 수 있습니다. 그러나 걱정하지 마십시오. 가지만 흔들릴 뿐, 믿음의 뿌리는 뽑히지 않기 때문입니다. 부활이 믿음의 뿌리입니다. 부활 신앙이 있다면, 겨울이 닥쳐서 잎이 모두 떨어지고 가지가 앙상하게 되어도 뿌리의 생명력은 그대로입니다.

부활 생명은 모든 죽은 것들을 되살립니다. 망해도 다시 일어서고, 병들어도 죽지 않으며 죽더라도 다시 살아납니다. 부활을 믿는 사람은 세상에서 어떤 일을 만나도 두렵지 않습니다.

환경적인 요소로 인해 겪게 되는 어려움은 그리 중요하지 않습니다. 그런 것은 안개와도 같습니다. 태양이 떠오르면, 안개는 순식간에 사라져 버립니다.

바람이 불고 폭풍우가 몰아쳐도 걱정하지 마십시오. 그런 것들도 지나가면 그만입니다. 안개도 바람도 폭풍우도 영원한 것은 없습니다. 영원한 것은 오직 주님의 빛입니다.

그날에는 너희가 내게 어떤 것도 구하지 않을 것이다. 내가 진실로 진실로 너희에게 말한다. 너희가 무엇이든 아버지께 구하면 아버지 께서 내 이름으로 주실 것이다. 지금까지는 너희가 내 이름으로 아 무것도 구하지 않았다. 그러나 구하라. 그러면 받을 것이니 너희 기 쁨이 충만해질 것이다(요 16:23-24).

예전에는 인간이 하나님께 직접 나아갈 수 없었습니다. 그러나 예수님의 십자가 사역으로 하나님께 나아가는 통로가 열렸습니 다. 부활이 바로 그 통로입니다. 이제 부활로 인해 하나님께 직접 나아갈 수 있게 되었습니다. 만약에 십자가가 끝이라면, 우리 믿음 은 더 이상 나아갈 곳이 없습니다. 그러나 부활이 있으므로 하나님 께 나아갈 길이 크게 열린 것입니다.

부활은 하나님께로 나아갈 때 부딪히게 되는 모든 장해물을 완 전히 제거해 줍니다. 만약 부활이 없었다면, 예수님의 사역과 하나 님의 존재에 관해 의문과 의혹이 쌓일 것입니다. 그러나 예수님의 부활이 모든 의혹과 의문에 확실한 증거가 됩니다.

살아 계신 하나님의 임재 가운데로 들어가려면 부활의 예수님 을 만나야 합니다. 부활 사건을 경험하기 전과 후는 기도부터 달라 집니다. 부활의 경험이 있기 전에는 희망을 기도하지만, 부활을 경 험한 후에는 약속을 기도하게 됩니다.

하나님께 기도한 대로 이뤄 달라고 하는 것은 희망의 기도입니다. 인간의 이성과 상식으로는 희망의 기도밖에 할 수가 없습니다. 그러나 예수님은 "너희가 무엇이든 아버지께 구하면 아버지께서 내 이름으로 주실 것"(요 16:23)이라고 말씀하십니다. 우리 기도는 이미 응답되었습니다. 부활을 경험한 사람은 기도의 응답을 확신합니다. 그래서 기도할 때면 감사부터 나오는 것입니다. 진짜 기도는 성령님이 임하시는 부활의 기도요 약속의 기도입니다. 기도는 약속 가운데 응답됩니다.

진정한 믿음은 약속을 의지하여 하나님께 나아가게끔 인도합니다. 지금의 인생은 고통이고 목마름이지만, 곧 세상에서 가장 아름다운 축복으로 채워 주실 것입니다.

성령님은 이미 세상에 오셨습니다. 그분은 보혜사이십니다. 우리로 하여금 죄에 대해, 의에 대해, 심판에 대해 깨닫게 하십니다. 그분은 진리의 성령님이라 우리를 진리로 인도하시고, 예수님께 들은 말씀만 전하시며, 또 앞으로 있을 일을 가르쳐 주십니다.

성령님의 목적은 예수님의 영광을 드러내고, 예수님에 관해 증거 하는 것입니다. 그래서 예수님의 부활을 증거하시는데, 부활이 곧 믿음의 뿌리입니다.

그러므로 우리는 성령님께 의지하여 부활을 확신하며 약속의 기도를 드려야 합니다. 그때 우리 생각에 혁명이 일어나고 우리 삶이 변화합니다.

20

환난에서
담대하라

요한복음 16:25-33

기도에 혁명을 일으킨 부활

세상의 어떤 종교나 철학이나 사상도 부활을 언급하지 않습니다. 오직 기독교만이 부활을 가르치며, 그 진리를 세상에 전파합니다.

기독교는 두 가지 진리 위에 서 있습니다. 하나는 만물을 주관하며 다스리시는 하나님의 '창조'입니다. 인간은 하나님의 형상을 따라 지음 받은 피조물입니다. 그런데도 사람들은 하나님의 창조 사실을 잘 믿으려 하지 않습니다.

두 번째 진리는 성자 하나님 예수 그리스도의 '부활'입니다. 인간은 반드시 죽으며 죽은 후에는 여러 모양으로 부활하게 될 것입니다. 그러나 사람들은 이런 사실을 잘 믿으려고 하지 않습니다.

지난 2,000년간 수많은 사람이 예수님의 부활을 증언해 왔습니다. 만약 예수님의 부활이 거짓이었다면, 2,000년간 진행되어 온 검증 과정에서 이미 도태되고 말았을 것입니다. 그러나 오랜 세월에 걸쳐 숱한 검증을 거쳤음에도 불구하고, 부활은 더욱 힘을 얻어 지금까지도 진리로서 계승되고 있습니다. 오늘날 교회가 존재하고 부흥하는 까닭은 예수님의 부활에 있습니다.

우리는 예수님의 부활에 관해 세 가지 사실을 알았습니다.

첫째, 부활은 인간의 이성으로는 이해할 수 없다는 사실입니다.

세상 사람들이 예수님의 부활 이야기를 듣고, "아멘"으로 화답하는 일은 거의 없습니다. 오히려 도저히 믿을 수 없다는 반응이 보편적입니다.

둘째, 부활의 기쁨은 절대로 빼앗길 수 없습니다. 기독교의 핵심은 선행을 베풀며 자기 의를 쌓는 게 아니라 예수님의 부활 위에 믿음을 굳게 세우는 것입니다.

셋째, 부활은 멀리 계시던 하나님을 가까이서 뵙는 통로가 됩니다. 그 덕분에 우리는 주님의 임재 가운데로 들어갈 수 있습니다.

여기에 덧붙여, 부활에 관한 세 가지 사실을 더 나누고자 합니다.

첫째, 부활은 우리 기도를 한층 더 높은 차원으로 인도합니다. 기도는 흔히 희망의 기도와 약속의 기도로 나뉩니다. 예수님의 인격과 선행과 도덕성을 믿는 사람들은 희망의 기도를 많이 드립니다. '주님, 이렇게 해 주십시오. 저렇게 해 주십시오' 하고 소원을 아뢰는 기도입니다.

그러나 신앙은 희망을 넘어서야 합니다. 부활의 예수님을 경험한 사람들은 주로 약속의 기도를 드립니다. 예수님은 "지금까지는 너희가 내 이름으로 아무것도 구하지 않았다. 그러나 구하라. 그러면 받을 것이니 너희 기쁨이 충만해질 것이다"(요 16:24)라고 말씀하셨습니다. 우리는 그 약속에 따라 기도합니다.

또한 부활은 약속의 기도를 넘어 하나님 아버지께로 우리를 인도합니다.

> 지금까지는 내가 이것을 비유로 말했지만 더 이상 비유로 말하지 않고 내 아버지에 대해 분명하게 말할 때가 올 것이다(요 16:25).

그동안 예수님은 진리를 말씀하실 때, 여러 가지 비유를 들어 알기 쉽게 말씀해 주셨습니다. 살아생전 천국을 한 번도 보지 못하고, 천국에 관해 들어본 적도 없는 사람들에게 천국을 열심히 설명해 줘 봤자 아무 소용 없습니다. 그래서 예수님은 비유로 천국을 설명해 주셨습니다.

하지만 부활에 관해 말씀하실 때는 더 이상 비유로 말씀하지 않겠다고 하십니다. 때가 되면, 비유로 말씀하시지 않고 하나님 아버지에 관해 분명하게 말씀하시겠다는 것입니다.

> 그날에는 너희가 내 이름으로 아버지께 구할 것이다. 내가 너희를 위해 아버지께 구하겠다는 말이 아니다(요 16:26).

아주 재미있는 표현입니다. 여기서 "그날"이란 '부활하신 뒤'를 의미합니다. 예수님은 부활하시기 전에 모든 것에 대해 중보기도를 하셨습니다. 예수님이 부활하시어 승천하신 후에는 성령님이 이 땅에 오셔서 우리에게 영적 진리를 알게 하시고, 비유를 통해서

가 아니라 하나님 아버지의 뜻을 직접 깨닫게 하신다는 뜻입니다. 실로, 가히 '기도의 혁명'이라고 하지 않을 수가 없습니다.

우리 사회는 전근대적 성향의 사람, 근대적 성향의 사람, 포스트 모더니즘 성향의 사람들이 아주 복잡하게 뒤섞여 살아갑니다. 기성세대와 신세대는 세대 차이 때문에 대화조차 통하지 않습니다. 장년층은 모더니즘 시대를 사는데, 청년들은 포스트모더니즘 시대를 살고 있습니다.

이처럼 예수님을 믿는다고 할 때도 부활을 믿는 사람이 있는가 하면, 믿지 않는 사람도 있습니다. 마찬가지로 기도할 때, 목마른 기도를 하는 사람이 있는가 하면, 약속의 기도를 하는 사람이 있습니다. 같은 시간에 한자리에 앉아 있어도 저마다 영적 이해와 경험치가 다르기 때문에 기도 내용 또한 제각각입니다.

예수님이 주시는 메시지는, 부활 진리를 진정으로 알게 되면 더 이상 예수님을 필요로 하지 않는다는 사실입니다. 왜냐하면 예수님이 부활하시어 승천하신 뒤에는 성령님이 오셔서 예수님의 이름으로 기도하는 법을 우리에게 가르쳐 주시기 때문입니다. 따라서 우리는 약속의 기도들이 성취되는 기적을 경험할 수 있습니다.

현대를 살아가는 우리는 도덕적이고 윤리적이며 율법적인 신앙을 극복하고, 한 차원 높은 믿음의 세계로 나아가야 합니다. 죄를 지을 것인가 말 것인가로 고민하는 단계를 넘어서야 합니다.

홍해를 건너기 전, 이집트에 있던 시절을 벗어나야 합니다. 똑같은 죄를 반복해서 짓거나 육체의 소욕을 따라 움직이는 단계를 벗어나십시오. 부활하신 예수님을 가슴에 품고, 성령 충만으로 승리하는 삶을 사십시오.

성령님이 이 땅에 오신 이후로, 예수님의 중보 기도가 필요하지 않게 되었습니다. 성령님이 우리 안에서 친히 역사하시어 우리로 하여금 기도하게 하시고, 기도 응답이 이미 이뤄진 것으로 확신하게끔 믿음을 주시기 때문입니다.

삼위일체 하나님이심을 알게 하는 부활
둘째, 부활은 예수 그리스도께서 삼위일체 하나님이심을 알게 하십니다.

> 아버지께서는 너희를 친히 사랑하신다. 아버지께서 너희를 친히 사랑하시는 것은 너희가 나를 사랑했고 내가 아버지께로부터 왔음을 믿었기 때문이다. 내가 아버지께로부터 이 세상에 왔다가 이제 다시 이 세상을 떠나 아버지께로 돌아간다(요 16:27-28).

부활을 믿어진다는 것은 그 마음에 성령님을 받아들였다는 증거가 됩니다. 성령님이 이 땅에 오심으로써 이제는 예수님의 이름으로 직접 기도할 수 있게 되었습니다. 성령님은 비유 없이도 진리를 바로 깨닫게 도우십니다. 그리고 예수님이 하나님의 아들이신 것도 가르쳐 주십니다.

삼위일체 진리에 관해 알게 되는 분기점이 바로 부활 사건입니다. 예수님이 어디서 오셔서 무엇을 하시다가 어디로 가시는지를 분명히 알아야 합니다. 제자들은 예수님이 하나님으로부터 오셔서 이 땅에서 하나님의 일을 하신다는 것까지는 압니다. 그러나 예수님이 하나님께로 돌아가신다는 것은 이해하지 못합니다. 만약에 그들이 예수님의 부활을 이미 알고 있었다면, 주님이 십자가에서 죽으셨다가 살아나신 후에 하나님 아버지께로 돌아가신다는 것을 하나의 사건으로 연결할 수 있었을 텐데 말입니다.

과거와 현재는 미래와 연결됩니다. 지금 우리가 고민하는 이유는 과거도 알고 현재도 아는데, 미래를 알 수 없기 때문입니다. 과거로 인해 괴로워하고, 현재에 목말라하는데, 미래까지 확신할 수 없으니 불안합니다. 현재 상황이 미래와 연결될 가능성이 낮아 보이기에 더욱 불안합니다. 우리 삶은 과거, 현재, 미래로 조각나 있습니다. 과거와 현재와 미래가 하나로 연결되어야만 인생을 통으로 볼 수 있는 눈이 생길 텐데, 안타깝게도 우리는 미래를 보지 못합니다.

미래가 더욱 중요한 이유는 여기서 미래란 죽음 이후의 시간을 가리키기 때문입니다. 인간은 사후 세계에 관해서는 아는 바가 없습니다. 알고 싶어도 알 수가 없습니다. 그래서 현재 시점에서 불

안에 떨 뿐입니다.

그러나 부활 신앙이 있으면, 미래를 볼 수 있습니다. 예수님은 "나는 부활이요, 생명이니 나를 믿는 사람은 죽어도 살겠고 살아서 나를 믿는 사람은 영원히 죽지 않을 것이다. 네가 이것을 믿느냐?"(요 11:25-26)라고 물으십니다.

성령님이 임하시면, 미래를 볼 수 있을 뿐만 아니라 천국까지도 볼 수 있게 됩니다. 예수님은 "너희는 마음에 근심하지 말라. 하나님을 믿고 또 나를 믿으라. 내 아버지의 집에는 있을 곳이 많다"(요 14:1-2)고 말씀하십니다. 얼마나 안심되는 말씀입니까? 그러므로 미래를 볼 수 없어서 불안해하던 마음이 곧 사라집니다.

예수님이 아버지로부터 와서 다시 아버지께로 돌아가신다고 하신 말씀을 제자들이 이제야 이해하기 시작합니다. 부활은 예수님이 하나님으로부터 오신 하나님의 아들이시라는 영적 깨달음을 줍니다.

그러자 예수의 제자들이 말했습니다. "이제 주께서 비유를 들지 않고 명확하게 말씀하시니 주께서 모든 것을 알고 계시고 또 어느 누구의 질문도 받으실 필요가 없음을 저희가 알았습니다. 이것으로 우리는 주께서 하나님께로부터 오신 것을 믿습니다"(요 16:29-30).

우리도 이렇게 고백할 수 있어야 합니다. "주님, 저는 예수님이 하나님으로부터 오셔서 십자가에서 죽으시고 부활하신 후에 다시 하나님께로 돌아가신 것을 믿습니다"라고 고백해야 합니다.

부활을 믿지 않으면, 미래를 열 수 없고, 천국을 볼 수 없습니다. 요즘 나랏일로 걱정하는 사람이 많습니다. 그러나 미래를 볼 수 있는 믿음의 사람들은 걱정하지 않습니다. 우리 미래는 하나님의 손에 달려 있기 때문입니다.

그러니 사람들의 행동을 보고 걱정하는 것을 삼가고, 하나님을 바라는 온전한 믿음을 가지십시오. 인생의 미래는 하나님의 손에 달려 있습니다. 인생의 미래가 사람에게 달려 있다면, 얼마나 불안하겠습니까? 그러나 하나님께 달려 있음을 믿기에 우리는 불안하지 않습니다.

영원한 승리를 주는 부활

셋째, 부활은 우리에게 궁극적인 승리를 가져다줍니다.

예수께서 제자들에게 대답하셨습니다. "이제야 너희가 믿느냐? 보라. 너희가 흩어져 각자 집으로 돌아갈 때가 오고 있고 또 이미 왔다. 너희는 나를 버려 두고 모두 떠나갈 것이다. 그러나 나는 혼자 있는 게 아니다. 아버지께서 나와 함께 계시기 때문이다"(요 16:31-32).

예수님은 자신이 부활한 후에 두 가지 일이 벌어질 것을 말씀하십니다.

하나는 모든 사람이 예수님을 떠나 뿔뿔이 흩어지리라는 것입니다. 대부분의 사람은 한곳에 오래 머물러 살지 않습니다. 지금 다니는 직장이나 살고 있는 곳에서 영원히 머물 수는 없습니다. 사람들은 그 사실을 잘 알고 있습니다. 언젠가 다들 다른 곳으로 떠날 것입니다. 그래서 인생은 이별을 준비하는 과정이라고 할 수 있습니다.

내가 아는 어느 외교관은 항상 보따리를 싸 둡니다. 그렇게 하면 마음이 편하다고 말합니다. 그는 내게 "목사님, 제 일을 모두 끝냈습니다. 저는 항상 떠날 준비를 하고 일합니다. 그렇게 하니까 하나님이 되레 하던 일을 계속하게 하시네요"라고 말하곤 합니다. 무엇에든 얽매여 있으면 자유가 없는 것입니다. 그것은 노예의 삶입니다. 자유로운 사람은 늘 떠날 준비가 되어 있습니다.

예수님이 아버지께로 떠나신다는 말씀은 제자들에게는 매우 불안한 말씀입니다. 사랑하는 사람을 떠나보내는 일이 힘들다는 것은 누구나 경험적으로 알고 있습니다. 특히 사랑하는 가족과 죽음으로 이별할 때, 견딜 수 없는 고통을 느끼게 됩니다. 오랫동안 근무해 온 정든 직장을 떠날 때, 조국을 등지고 타국으로 떠날 때도 마찬가지의 고통을 느낍니다.

예수님은 어떤 경우에라도 우리는 절대 혼자가 아님을 말씀해 주십니다. 가족과 이별하고, 직장을 그만두고, 조국을 떠날지라도 우리는 혼자가 아니며 하나님 아버지께서 함께해 주십니다. 제자들이 서로에게서 멀리 떠나 각각 흩어져 버려도 하나님 아버지께서 함께하시므로 그들은 혼자가 아닙니다.

우리는 자기가 사랑하는 대상에 집착하는 경향이 있습니다. 그를 진정으로 사랑하고 있다고 착각하기 때문에 일어나는 일입니다. 우리가 사랑이라고 믿고 집착하는 이유는 지나치게 자기중심적이기 때문입니다. 그러나 진정한 사랑은 자기중심적이지 않습니다.

누군가를 사랑한 것 같지만, 알고 보면 자기 자신을 사랑한 것임을 깨달을 때가 많습니다. 특히 사랑하는 사람이 죽었을 때, 그런 모습을 발견합니다. 울고불고하며 부르짖는 말이 "나는 어떡하란 말이냐?"입니다. 속을 들여다보면, 죽은 사람이 불쌍해서라기보다는 앞으로 어떻게 살아갈지 막막해서 걱정되어 하는 소리임을 알 수 있습니다.

사랑도 어떻게 보면 자기 집착이고 욕심입니다. 그런 것은 진정한 사랑이 아닙니다. 정말로 사랑한다면, 왜 이혼하겠습니까? 자기 욕심이나 집착을 사랑으로 착각하며 살았기에 마음이 식으면 쉽게 돌아서 버리는 것입니다. 정말로 사랑한다면, 어떻게 떠나겠습니까? 배우자의 허물과 실수를 감싸며 살 것입니다.

결국, 인생은 홀로서기의 과정입니다. 그걸 알면서도, 사람을 의지하고 싶고, 조직을 의지하고 싶고, 돈을 의지하고 싶고, 명예를 의지하고 싶은 게 사람입니다. 그렇게 무엇인가에 의지하고서라도 살아남고 싶은 것입니다.

그러나 인생에서 의지할 곳은 오직 하나님밖에 없음을 명심하십시오. 인생의 영원한 동행자는 하나님뿐입니다.

> 내가 너희에게 이런 것들을 말하는 것은 너희가 내 안에서 평안을 누리게 하려는 것이다. 너희가 이 세상에서는 고난을 당할 것이다. 그러나 담대하라. 내가 세상을 이미 이겼다(요 16:33).

예수님을 믿는다고 해서 곧바로 유토피아를 맞이하게 되는 것은 아닙니다. 젖과 꿀이 흐르는 가나안 땅이 눈앞에 펼쳐지는 것도 아닙니다. 오히려 다가오는 것은 환난과 고난뿐입니다.

젖과 꿀이 흐르는 가나안 땅은 환난과 고통 속에서 이뤄지는 하나님 나라를 의미합니다. 인생에 환난과 고통이 없다면, 진정한 하나님 나라를 건설할 수 없습니다.

예수님은 제자들에게 세상에서 환난을 당하게 되리라는 것을 미리 말씀해 주십니다. 그리고 두 가지 복을 더하여 주십니다. 하나는 예수님의 "평안"입니다. 예수님이 환난당할 것을 미리 말씀해 주시는 이유는 우리로 하여금 주님 안에서 평안을 누리게 하려하심입니다.

또 한 가지 복은 '담대함'입니다. 환난을 당했을 때, 담대할 수 있는 이유는 예수님이 세상을 이기셨기 때문입니다. 우리는 전쟁에서 승리하는 것이 아니라 이미 승리한 전쟁 안에 있는 것입니다. 우리는 이미 세상을 이기고 승리했습니다.

우리가 두려워하지 말고 담대해야 할 것은 예수님이 세상을 이기셨기 때문입니다. 그 힘으로 모든 환난을 능히 극복하기를 바랍니다. 예수님의 평안으로 모든 어려움을 극복하고, 예수님의 승리로 세상을 이기기를 축원합니다.